はじめに

東京都社会福祉協議会 東京都高齢者福祉施設協議会の専門委員会の一つである施設管理検討委員会では、平成19年度よりワークエンバイロンメント（作業環境）に関わるワーキングチームを設置し、調査・研究、研修会などを実施してきました。

ワークエンバイロンメント（作業環境）に関わるワーキングチームでは、職員にとって働きやすい環境が形成されているかを考慮しつつ、これまで人員配置に関する調査や、職員のストレスに関する調査、介護職員の給与に関する調査などを行い、東京都高齢者福祉施設協議会が行う請願や要望書、意見書など、厚生労働省や東京都に対する提言をまとめる中において、エビデンスを作ってきました。

そして、平成26年度は、法政大学大学院職業能力開発研究所特任研究員で、株式会社フロインドの下田静香氏を講師に、管理者層を対象とした人事管理に関する研修会を３回に分け行いました。第１弾は「人が集まる組織の作り方～「辞めたい」気持ちをつくらない組織とは～」をテーマに、第２弾は「中長期で考えるキャリアパスの運用～画に描いた餅のキャリアパスからの脱却～」。第３弾では「施設全体で取り組む組織目標の動かし方～次年度事業計画を浸透させるコツ～」をテーマに行い、職員がやり甲斐をもって働き続けられる仕組みづくりとその実践を提案してきました。

しかし、平成26年12月に東京都高齢者福祉施設協議会が行った調査によると、職員不足は深刻で、職員が定数に満たない特別養護老人ホームが続出し、新たな入居者の受け入れをやめたり、部屋を一部閉鎖したりするところが出始めたという結果が出ました。事実、東京では介護職員の有効求人倍率は全国平均で４倍を超えており、東京都が5.19倍、一番倍率の高いところでは岡山県の12.94倍と、介護施設の職員不足が深刻になっていることがうかがえ、施設が職員を募ってもなり手が少ないという状況が広がっている事実が浮き彫りになっています。

こうした中、厚生労働省では、平成27年度の介護保険制度改正の大きな目玉の一つとして、介護職員処遇改善加算の見直しによる介護人材の確保策を打ち出しました。これに先駆け平成27年１月に行われた介護給付費分科会においては、処遇改善加算の今後の取り扱いについては、より効果的かつ実効性の高い対応のあり方も含めて引き続き検討することが適当である」と、存続、別方法の実施の両論併記的な扱いとなるなど、委員の中でも高い注目を集めた改正であったことはいうまでもありません。

平成27年度の介護保険制度改正が行われたこの介護職員処遇改善加算ですが、この加算を算定できる要件として「キャリアパス要件等」を満たすことが条件とされています。

また、「未来への投資を実現する経済対策」（平成28年８月２日閣議決定）において、介護人材の賃金が対人サービス業と比較し低いことを踏まえ、この賃金差がなくなるよう、「介護保険制度の下で、介護人材の処遇については、キャリアアップの仕組みを構築し、月額平均１万円相当の改善を平成29年度から実施する。」とされました。

この「月額１万円相当の上乗せ加算報酬」を獲得するためには、現状の処遇改善加算（Ⅰ）の要件を満たしていることはもちろん、これに加えて、キャリアパス要件（Ⅲ）として、「経験もしくは資格等に応じて昇給する仕組み、または一定の基準に基づき定期に昇給を判定する仕組みを設けること（就業規則等の明確な書面での整備・全ての介護職員への周知を含む）」という要件が新設されようとしています。そこで施設管理検討委員会では、この度、人事管理に関する研修会を担当いただいた下田静香先生にご協力いただき、委員長をはじめ、ワークエンバイロンメント（作業環境）に関わるワーキングチームを中心に、各施設の実態を踏まえつつ、より効果的で実効性の高い対応が可能となる、また、その道筋を示したキャリアパスのモデルとなるべく本書を作成しました。

本書では、キャリアパスを実行可能なものとして策定するために、何が必要なのか、何をすべきか、何ができるかなど、それぞれの策定段階に具体的に解説を加え、事例も掲載しました。また、平成26年４月に施設管理検討委員会が東京都高齢者福祉施設協議会の会員の方々にご協力いただきましたキャリアパスに関するアンケートを基に、日頃疑問に思っていることが多い質問についてまとめました。

さらに、付録として、各施設の事情に合わせて改変できるキャリアパス制度に必要な帳票類をCD-ROMに収録しました。

我が国は、世界でも類を見ない超高齢社会に突入しています。そして、その超高齢社会とともに増え続ける要介護高齢者を支える介護職員は明らかに不足していきます。こうした中においても、より効果的で実効性の高いキャリアパスがどの施設でも運用され、介護職員に安定した生活を保障するとともに、真に介護職員が働き甲斐を感じ、モチベーションを高め、かつ、介護を志す人材が増えることを期待しています。

そして、本書が経営を行う施設側も介護業務に従事する職員も、双方が満足できる、納得できるキャリアパスの仕組みと、その作成の一助になれば望外の喜びです。

東京都高齢者福祉施設協議会
情報・広報室　室長　兼
施設管理検討委員会
ワークエンバイロンメント（作業環境）に関わるワーキングチーム責任者

社会福祉法人　一誠会
特別養護老人ホーム偕楽園ホーム
施設長　**水野　敬生**

目　次

第1章　キャリアパスの必要性

第2章　基本設計とその運用

第3章　キャリアパス運用に必要な関連制度

第1章 キャリアパスの必要性

キャリアパス制度とは

平成12年４月に介護保険制度が始まりましたが、施行当初より介護サービスの需要に対し、供給するサービスの質と量が不足することが懸念されていました。

施行後３年ごとに見直される介護保険制度において、平成15年４月、平成18年４月と２度にわたって行われた改正では、いずれも介護報酬が引き下げられ、これをきっかけに介護職員不足が社会問題にまで発展したことは承知の事実でしょう。

これを受けて厚生労働省では、明らかに遅きに失した感も否めない中、介護労働者の定着のために、「給与や労働時間などの労働環境の改善」と「介護職の資質向上を図るキャリアパスの仕組みを構築する」とする「人材確保指針」を示し、その施策として平成21年10月から「介護職員処遇改善交付金」が創設されました。

さらに、平成24年度の介護保険制度改正では、平成23年度まで実施されていた「介護職員処遇改善交付金」を廃止し、当該交付金を円滑に介護報酬に移行することにより、当該交付金の対象である介護サービスに従事する介護職員の賃金の改善にあてることを目的に「介護職員処遇改善加算」の改定を行いました。

こうして「交付金」制度から「加算」制度に移行された介護職員の処遇改善ですが、内容や仕組みはほとんど変わらず、現在の「加算」制度においても「キャリアパス要件等」を満たさない場合は減算されることになっています。

処遇改善加算は介護保険事業の報酬に加算されるため、利用者が支払う１割の自己負担分にも反映してきます。つまり、処遇改善交付金は「国の緊急経済対策の一環」として行われ、財源は国が全額負担していましたが、処遇改善加算では国の負担が減少し、都道府県や市区町村、国民、利用者も負担することになりました。これは、介護職員の処遇改善の費用を利用者にも負担してもらうことを意味するもので、提供する介護サービスの資質向上や説明責任を果たすことが、今まで以上に重要になると考えられます。

そもそもキャリアパスとは、職業経験を積むことによって道を切り拓くという意味があり、事業所内における職種や役職をどのような道筋で上がっていくのかを示したものです。「介護職員処遇改善加算」においても、介護職員のポストや等級、資格手当等を見直し、ポストや等級の要件・求める能力、資格、経験、年数などの条件を定め、ポストや等級に応じた給与や資格手当の金額を定め、就業規則や賃金規程に上記を明示し、就業規則などを職員が見られる状態にするなどが要件です。

こうしたキャリアパスの要件は、事業所において、将来の経営展望に見合った介護人材を組織的・体系的に示し、ふさわしい戦力を確保し、

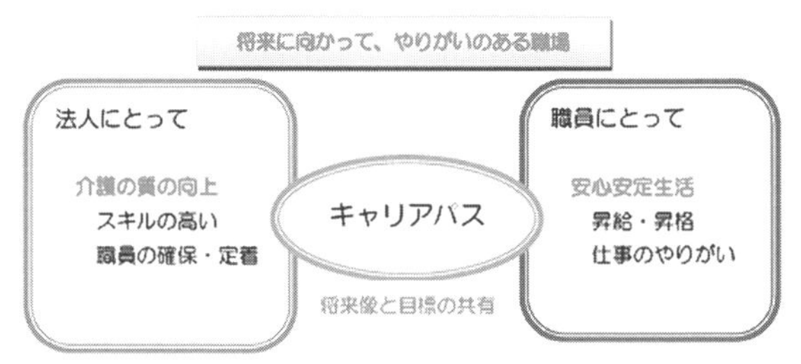

出典：「キャリアパスガイドライン（素案）」　公益社団法人　全国老人福祉施設協議会
http://www.mhlw.go.jp/topics/2009/10/tp1023-1.html（平成27年5月8日閲覧）

職員に対しては明確な目標（事業所としての理念や職員の働きがいなど）を与え、公平な評価を行うことにより、人材の活性化を図ることを目的とされた制度ということです。

なお、厚生労働省が平成27年度介護保険制度改正に伴い示した「介護職員処遇改善加算に関する基本的考え方並びに事務処理手順及び様式例の提示について」については、下記をご参照下さい。

（介護保険最新情報Vol.437　東京都福祉保健局）
http://www.fukushihoken.metro.tokyo.jp/kourei/hoken/shogu/index.files/jouhou_437.pdf（平成27年5月8日閲覧）

キャリアパス制度の課題

5度目となりました平成27年度介護保険制度の改正では、前々回（平成21年度）、前回（平成24年度）と、介護職員の処遇改善などを目的にプラス改定となっていましたが、今回は9年ぶりのマイナス改定となり、介護報酬は2.27%引き下げることになりました。

一方で、介護職員の処遇改善については、1人当たり月に1万2000円の給与増を目的に、1.65%分を別枠で確保するとともに、認知症や重度者向けサービス強化に対する加算などで0.56%分を確保するとされたため、これらを除いた実質的な引き下げ率は4.48%となりました。

この決定を前に、平成27年1月9日に開催された第118回介護給付費分科会では、全国老人福祉施設協議会の村上勝彦委員から「介護報酬の引き下げと処遇改善は両立しない」という意見や、全国老人保健施設協会の東憲太郎委員から「今回、処遇改善加算が継続されるのは仕方ないが、これまでの結果をみても、処遇改善加算の実施では介護業界に人が集まらないのは明らか。介護報酬の議論だけで処遇改善を図るのには限界がある」などといった介護業界からの意見が出されるなど、これまでの「介護職員処遇改善加算」に係るキャリアパス制度が適切に運用できていないのではないかという疑問さえうかがえました。

平成26年8月に、公益財団法人介護労働安定センターが平成25年度に実施した「事業所における介護労働実態調査」、「介護労働者の就業実態と就業意識調査」の結果を発表しました。

その結果、平成25年度1年間（平成24年10月1日から平成25年9月30日）の離職率の状況は、全体では16.6%でした。この数字は、最も高かった平成18年度の離職率21.7%と比較すると、改善は見られるものの、介護サービスに従事する従業員の過不足状況を見ると、全体では不足感（「大いに不足」+「不足」+「やや不足」）は56.5%と、未だ低い数字とはいえません。

また、同センターが行った介護労働者の就業実態と就業意識調査では、現在の仕事を選んだ理由として「働きがいのある仕事だから」が54.0%と高い数字ではあったものの、前年度の54.9%を、さらに前々年度の55.7%を考えると、今回の改正がそのモチベーションをいかに高めたかは、大きな疑問といわざるを得ません。

つまり、介護の仕事に就く人は「人の役に立ちたい」と希望を持って入職する人が多いものの、給料の安さはもちろん、生活の不安定さ、社会的評価、利用者の重度化による精神的負担感などの原因から職員の「やる気」が下がり、退職に至ってしまうのが現状です。

なお、介護関係の仕事の継続意志を確認した

介護職員の構造と採用・離職率

○ 訪問介護員は非常勤職員、介護職員（施設等）は常勤職員主体。訪問介護員は常勤職員の、介護職員（施設等）は非常勤職員の離職率が高くなっている。

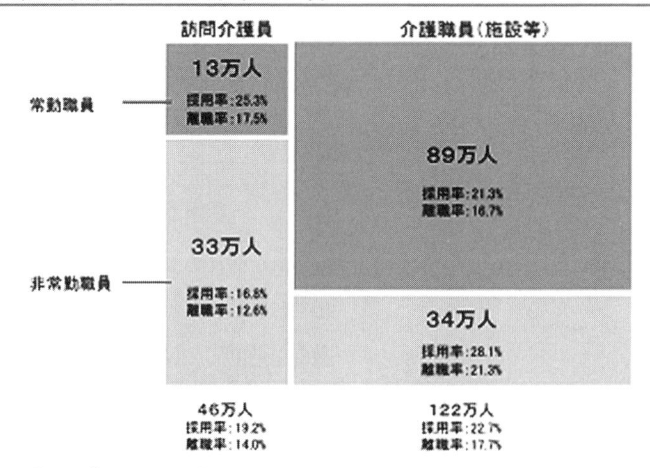

46万人
採用率：19.2%
離職率：14.0%

122万人
採用率：22.7%
離職率：17.7%

注）従業者数は、厚生労働省「平成24年介護サービス施設・事業所調査」による。
注）介護職員（施設等）：訪問介護以外の指定事業所で働く者。訪問介護員：訪問介護事業所で働く者。
注）採用率、離職率は、介護労働安定センター「平成25年度 介護労働実態調査」において、正規職員と非正規職員のうちの常勤労働者を合わせたものを常勤職員として、非正規職員のうち、短時間労働者を非常勤職員として計算。
注）調査方法の変更等による回収率変動の影響を受けていることから、職員数を厚生労働省（社会・援護局）にて補正している。
注）職員数は、表示単位未満を四捨五入しているため、端数処理の関係で、合計と一致しない場合もある。

出典：第４回社会保障審議会福祉部会　福祉人材確保専門委員会　平成27年２月23日　厚生労働省
http://www.mhlw.go.jp/file/05-Shingikai-12601000-Seisakutoukatsukan-Sanjikanshitu_Shakaihoshoutantou/0000075028.pdf（平成27年５月８日閲覧）

設問の回答では、「働き続けられるかぎり」が今回の調査で最も高い54.9%という数字を示しており、今後、キャリアパス制度の活用などを含めて、経営者がどれだけ現場に向き合っていくかが、大きな課題といえるでしょう。

キャリアパス制度の実施に向けて

キャリアパス制度も含めて優れた人事マネジメントを行っていくことは、好業績を実現する、という信念が必要不可欠といえます。そしてその信念は、管理者はもちろん、管理職などのリーダー職が共通してもたなければなりません。

最近企業でも、企業価値を高めるためのマネジメントが注目されています。いわゆる「価値創造経営」といわれているものです。安定した施設経営、すなわち施設を成功に導くものは、価値の創造とコストの適切なマネジメントです。施設は、コスト上の不利を克服した上で、利益を得るために付加価値を創造していかなければなりません。つまり、施設は、「付加価値を創造するためにマネジメントを行っている」ということになります。

そして、その付加価値は、人材を有効かつ適切に活用することによってしか創造することができないのです。人材こそが価値を創造していく大切な担い手であり、その能力は、付加価値の実現に向けて、極めて重要な役割を果たすことはいうまでもありません。効果的な人材育成、人材マネジメントこそが、施設に利益をもたらすということです。そしてそのために施設は、人を大切にした経営を行っていかなければなりません。大切にされることによって人は、価値を生み出す原動力となっていくことに他なりません。

この度、本書で取り上げた介護労働者の定着のためにキャリアパスの仕組みがこうしたことを念頭に運用されることで、まさにより効果的かつ実効性の高い対応のあり方となるのだと考えます。では、人を大切にするとはどういうことをいうのでしょう。一言でいえばそれは、人々の期待に応えるということです。

例えば、利用者を大切にした経営とは一言でいえば、利用者の期待に応える経営ということでしょう。利用者あるいは家族が本当は何を重視しているのか、何に対してならお金を払っても良いと考えているのかを知らなければなりません。そして、利用者や家族が見出した価値を確実に届けるようにしていかなければなりません。

こう考えれば、職員を大切にした経営とは、職員の期待に応える経営です。施設は、職員の期待がどこにあるかを知り、その期待に応えていかなくてはなりません。ただし、職員の期待は立場や経験、環境などによって多様なはずです。それゆえに、期待のすべてに応えることはおそらく不可能でしょう。しかしながら、多くの職員に共通する期待が何であるかについては理解し、その期待には応えていかなければならないということでしょう。

それは、目的をもち目標に向かって働けること、生かされること、成果を生み出せること、認められること、報われること、おそらく人はそういった期待をもっているのではないでしょうか。

であるならば、目標管理による業績考課システムの導入をはじめとして、キャリアパス制度も含め、人事システムの倫理性を高め、透明性を高めていかなければなりません。

人事システムを倫理性の高め、透明性の高いものにするというのは、要は、職員に対して明快に説明できるものにしていく、そして積極的に説明していくということです。これは施設として説明責任ともいえるでしょう。こうすることで、キャリアパス制度は実効性をもち、効果を表してくることはもちろん、今後大幅な増加が必要と見込まれる介護職員の確保にもつながっていくと考えます。

まとめ

介護保険法が施行されて16年が経過し、大幅な改正がされた現在でも、介護サービスの需要に対し、供給するサービスの質と量の不足は依然としてご利用者の満足に至っていないものの、実際に施設が提供するサービスの優劣を決定づけるものは、明らかに職員の資質に移行しているのも事実です。

「介護職員処遇改善加算」の算出は、基本サービス費に各種加算・減算を差し引きしたものに乗じられる仕組みとなっていることを考えれば、より利用率を高め、施設の努力によって算定できる各種加算を取得することのできる介護サービスを提供する施設は、介護職員の処遇により反映できるということです。

したがって、利用率を高め、各種加算を取得

◕高齢化の進行に伴い、介護職員の大幅な増加が必要と見込まれている。

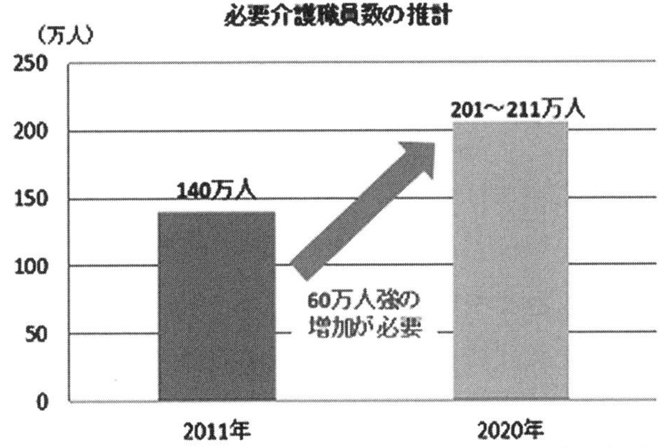

出典:「医療・介護に係る長期推計」（社会保障改革に関する集中検討会議／平成23年６月）

するためには、利用者の満足度の向上が何より必要であり、利用者の満足度を向上させていくためには職員のスキルの向上が不可欠だということです。

そして、このことは、施設の人材育成のスキルがそのまま提供するサービスの質、ひいては、施設のレベルを決定づけるといっても過言ではないということです。

こうしたことから、本書がお示しするキャリアパス制度をとおして、人としての質を高め、良質な職員を育成していくことが、利用者満足の実現とともに、職員が継続して勤務できる環境づくりに資することを大いに期待したいと思います。

【参考文献】

朝日新聞デジタル　2015年１月５日07時28分
http://www.asahi.com/articles/ASH145DJQH14ULFA009.html（平成27年５月８日閲覧）

介護労働安定センター　介護実態調査
http://www.kaigo-center.or.jp/report/index.html（平成27年５月８日閲覧）

第118回社会保障審議会介護給付費分科会資料
http://www.mhlw.go.jp/file/05-Shingikai-12601000-Seisakutoukatsukan-Sanjikanshitsu_Shakaihoshoutantou/0000070793.pdf（平成27年５月８日閲覧）

高齢者施設における キャリアパスの目的

平成21年の処遇改善交付金受給条件の介護職員のキャリアパスの運用は、多くの施設において実務運用がされていないのが実態でした。しかし、平成27年介護報酬改定において、その運用は、確実に以前よりも求められるのは言うまでもありません。一方で、処遇改善交付金の交付を目的にその運用を進めるのは、本来のキャリアパスの目的ではなく、若手介護職員が着実に介護技術を習得し、「手に職をつける」ことであったり、他業種から転職してきた職員の基本的スキルの習得であったり、あくまでも現場で介護職員が知識と技術を習得し、よりよい介護サービスを利用者に提供できることを目的に運用することを忘れてはなりません。

2025年を迎えるにあたり、介護人材不足はなお一層深刻な課題となることを視野に入れ、自施設の介護職員一人ひとりが着実に知識、技術を身につけ、今のうちから少数精鋭の組織をつくる手段としても、キャリアパスの運用は大きく影響してきます。

また、処遇改善交付金を受けることを目的とするならば、介護職員のためのキャリアパス構築で済みますが、施設運営は多職種連携の下で成り立っています。よって、全職種が取り組むことができる制度を構築することが望ましいと言えます。特に少数の職種、１人部署の職種は育成される環境が自施設にありませんので、自施設でどのようなキャリアを描くのかを明確に示すことで、組織コミットを促すこと、多職種連携によるサービス提供の認識を高めることが可能となります。

高齢者施設におけるキャリアパス運用のポイントは、各施設において中長期的に何を目的に運用するのかを明確にし、それに合った制度を構築し、運用することが必要となるでしょう。キャリアパスの目的は、職員にとっての目的、施設運営にとっての目的、利用者・地域にとっての目的の３方向で考え、３者にとって有効な制度にすることを忘れてはなりません。

≪キャリアパスの様々な目的≫

【職員にとっての目的】

○職員が段階的にスキルを習得するための手段

○職員が自分自身のスキル保有度、習熟度を確認する手段、それに見合った職務や役割、目標を実践し、段階的に経験と実績を重ねるための手段

○実践した職務と役割の結果処遇（賃金や待遇等）に結び付けられることにより、働くことへのモチベーション向上のための手段

○計画的に育成されることにより、定期的に生涯労働を考える判断基準としての手段

【利用者・地域にとっての目的】
○職員のスキル向上による質の高い、かつ利用者本位の介護サービスを提供するための手段
○等級レベルにより業務標準化と均一的サービス提供を図ることにより、利用者・家族が安心してサービスを受けるための手段
【施設運営のとっての目的】
○質の高いサービス提供により、地域に認められる、地域に必要とされる施設になるための手段
○円滑なかつ継続性のある施設運営を担うことができる人材を中長期的に育成するための手段
○年度事業計画を推進するための手段

キャリアパスの全体像

キャリアパスは、一般的には「人事制度」と呼ばれる制度です。人事制度は、単一的な制度ではなく、人を育てる（人材育成)、人を活かす（人材活用）ために必要な各種制度の集合体の総称です。キャリアパスを動かすには、次の制度を構築することから始まります。

次に挙げるのは、その各種制度です。すべての制度を構築するかどうかは、施設の現状課題によりますし、また構築してもどの制度から導入するかも、施設の現状課題によりその見極めが必要です。人事制度はそもそも、職員にとって非常に複雑な制度として捉えられることが多く、更に処遇反映ともなりますと、慎重な制度構築が求められ、丁寧な説明も必要となります。よって、各種制度の構築と導入のタイミングを計画的に行うことがポイントです。

○等級制度(職能資格等級制度、役割等級制度等)
○人事評価に関する制度
○賃金等処遇に関する制度
○教育・研修に関する制度
○役職任免に関する制度
○目標管理に関する制度
○その他の制度
…表彰制度、退職金制度、ワークライフバランスに関する制度、職員のモチベーション向上のための制度等

本書の使い方

1．本書では、キャリアパスを構築する際の基本的な制度の構築項目を列挙し、その検討方法を記しています。本書は、キャリアパスを運用する上で必須の制度設計（基本設計）の単元と、キャリアパスをさらに充実した制度にするためのその他の制度設計の２部で構成しています。更に制度ごとに、制度の概要、制度の設計、運用ポイントで構成しています。

本書に従って、制度構築をする際の留意点として、各施設の理念、方針、現状に合わせて柔軟に活用していただきたいと考えています。きっちりとした制度を構築するのを目的にするのではなく、キャリアパスの本来の目的である職員の成長と施設の健全経営、地域や利用者への充実した、質の高いサービス提供がよりよい方法で実現するための手段です。制度構築の担当者、担当メンバーは、目的のすり合わせを適宜行い、構築が目的化しないように心がけてください。

2．本書では、各制度に必要な規程や様式の例示を付けています。キャリアパスは、法人内の人事に関する仕組みです。決まりごとを規程化し、全職員が仕組み（制度）を十分に理解できるよう明文化することも重要です。

付録のCD-ROMに収めてある規程、様式集を各施設の設計内容に応じて修正して活用してください。

ただし、本書の規程等はあくまでも一つのモデルとして作成したもので、設計の際は、現実可能な制度となるよう、内容を丁寧に確認して活用してください。

第2章 基本設計とその運用

I 基本設計と運用①
～等級制度～

1．等級制度の概要

等級制度は、自施設の職員として、また各職種の専門職として、段階的に成長するための指標となるものです。全職員を職務遂行能力や役割、保有資格によって区分し、仕事をする際の権限や責任、処遇などの基盤となる制度です。また、自施設がどのような人材を必要としているのか、将来どのような人材になってほしいのかなどのモデルを示すことができ、自施設の中長期人材育成の方向性にも活用する制度です。さらに、評価制度や教育体系、賃金制度とも連動させることができ、キャリアパスの軸となる制度です。

2．等級制度の設計

【等級制度に使うキーワード】

（1）等級

職員の職務経験、職務遂行能力、保有資格、役割や職責に応じて設定した段階を「等級」と呼びます

（2）等級定義

自施設で何を期待するのかによりその各等級の定義が異なります。職務遂行能力（仕事をするために必要なスキル、知識など）を高めることを期待する（職能資格等級）施設、自分の役割に対して、如何に高い実績をあげるかを期待する（役割等級）施設もあります。どのような職員に成長してほしいのか、施設に貢献してほしいのかにより等級定義が決まります。

（3）等級昇格

等級定義に定められたことができるようになったら、次の段階の等級に上がります。これを「等級昇格」と呼びます。「等級昇格」の仕組みには、「卒業方式」と「入学方式」の２種類があります。「卒業方式」とは、現等級の職能があると認められれば上位等級に昇格することで、「入学方式」とは、現等級より上位等級の職能があると認められればその等級に昇格することです。一般的に役職につく段階の等級から入学方式で設定します。

なお、「昇格」は、「昇級」と呼ぶこともあります。

【等級制度の基本設計】

（1）段階数、等級数を設定する

段階数もしくは等級数を設定する目安は、職員数によります。一般的に100名未満の従業員数であれば、７～８等級程度、100名以上1000名未満であれば９等級程度が目安です。職員数を基準に等級数を定める理由は、役職のついていない職員が多ければ多いほど、幅広い段階が必要なためです。本来、各等級の条件を満たせば、すべての職員が等級が上がる資格をもっていますが、実際の運用では、上位等級に上がることができるのは、役職者になる職員に限られることが多いようです。

役職職階数が少ない、職員数が少ないのに等級数を増やしても（７段階での組織規模なのに９段階の組織の等級数にする）、次の（２）で定める等級定義に違いを出すことができなければ、その運用は難しくなります。役職のポスト数ですから、上位等級の等級数を増やしても、その等級に格付けする人はごくわずかとなります。これは、上位等級のレベルがあるにも関わらず、一般の職員から見ると「自分には関係のない上の等級」という現実味のない等級制度となってしまいます。また、一般職員の等級を増やしても、職員数が少ない組織は業務範囲およびそのレベルがそれほど多くないので、等級の数だけの仕事レベルを定めるのは困難なため、これもまた現実的ではない等級数となります。

等級数は、キャリアパス段階ですから、実際に職員が段階を上がっていけそうと思える数に設定することがポイントです。

（2）等級の定義と基準を定める

等級定義は、それぞれの等級に期待する仕事のレベル（単一的な仕事、複雑な手順の仕事、判断を要する仕事など）や保有していてほしい知識や技術レベルが明文化されたものです。介護職員だけではなく、施設内の全職種が等級定義に基づき、仕事のレベルや知識、技術のレベ

【キャリアパスの全体像（７等級の例示）】

等級	階層	最低滞留年数	等級定義	昇格基準			対応役職	主要な研修		
				職務要件	実績基準	審査基準		職種専門	階層別（基本的に施設内）	全職員・テーマ別
7	施設長・副施設長レベル	―	《組織運営・統括業務》 高度な経営能力を有し、経営者を補佐すると共に大単位以上の組織（施設）を統括する業務を遂行することができる	6等級の役割が遂行でき、6等級の能力が備わっていると認定され、上司から与えられた7等級（施設長レベル）の役割業務もできると認められた水準	過去4期のうち、人事考課結果（総合）がB評価以上、かつ2回以上のA評価	1. レポート審査 (1) 課題：部署運営に関するテーマ (2) A4縦サイズ横書き1,200字程度 2. 面接	施設長		経営管理研修（全3回） 人事考課者研修	【施設内】接遇研修・リスクマネジメント研修・人権／ハラスメント研修・メンタルヘルス研修 【施設外】財務関連知識習得研修 【施設内外】介護報酬関連研修
6	所長・部長レベル	5	《管理監督・統括業務》 高度な専門知識・技術と管理能力を有し、中単位組織（部署）を統括・運営し、部下を指導・育成、管理する業務を遂行することができる	5等級の役割が遂行でき、5等級の能力が備わっていると認定され、上司から与えられた6等級（所長・室長レベル）の役割業務もできると認められた水準	過去4期のうち、人事考課結果（総合）がB評価以上、かつ1回以上のA評価	1. レポート審査 (1) 課題：部署運営に関するテーマ (2) A4縦サイズ横書き1,200字程度 2. 面接	副施設長		課長職研修（全5回）	
5	課長レベル	5	《指導監督・部署運営業務》 優れた専門知識・技術を有し、上司方針に従って小単位組織（部署内の係、チーム）を運営し、部下を指導・育成、管理する業務を遂行することができる 《専門職業務》 高度な専門知識・技術を有し、法人または事業所の事業に貢献するとともに後進の育成、スタッフの育成をすることができる	4等級の役割が遂行でき、4等級の能力が備わっていると認定され、上司から与えられた5等級の役割業務もできると認められた水準	過去4期のうち、人事考課結果（総合）がB評価以上、かつ1回以上のA評価	1. レポート審査 (1) 課題：自部署の問題点とその解決策 (2) A4縦サイズ横書き800字程度 2. 面接	課長			【施設外】課題解決・業務改善研修 【施設内】学会発表準備研修（課題の捉え方・プレゼン等）
4	係長レベル	4	《指導・チーム運営業務》 部署内業務全般の遂行に必要な知識・技術を有し、的確な判断により業務を遂行でき、部下・下級者を指導・育成することができる	3等級の役割が遂行でき、3等級の能力が備わっていると認定された水準	過去4期の人事考課結果（総合）がすべてB評価以上	1. レポート審査 (1) 課題：自部署の問題点とその解決策 (2) A4縦サイズ横書き800字程度	係長	【施設外】指導者研修	係長研修（全5回） 中堅職員自己実現研修	
3	上級	4	《複雑定型・熟練業務》 確かな専門知識・技術・経験を有し、大まかな指示により業務を遂行することができ、下級者・後輩を指導することができる	2等級の役割が遂行でき、2等級の能力が備わっていると認定された水準	過去4期の人事考課結果（総合）がすべてB評価以上	所属長の推薦理由による		【施設内】スキル研修・毎月の職種別知識・技術勉強会	次世代リーダー研修 チームリーダー研修	
2	中級	3	《一般定型業務》 基礎的な専門知識・技術を基に具体的な指示または定められた手順に従い、多少の経験によって業務を遂行することができる	1等級の役割が遂行でき、1等級の能力が備わっていると認定された水準	過去4期の人事考課結果（総合）がすべてB評価以上	所属長の推薦理由による				
1	初級	2	《補助・単純定型業務》 細かな指示または定められた手順に従って、業務を遂行することができる						2年目職員研修 フォローアップ研修 新人研修	

※1～3等級の役割は別に定める職種別等級別職能要件書による

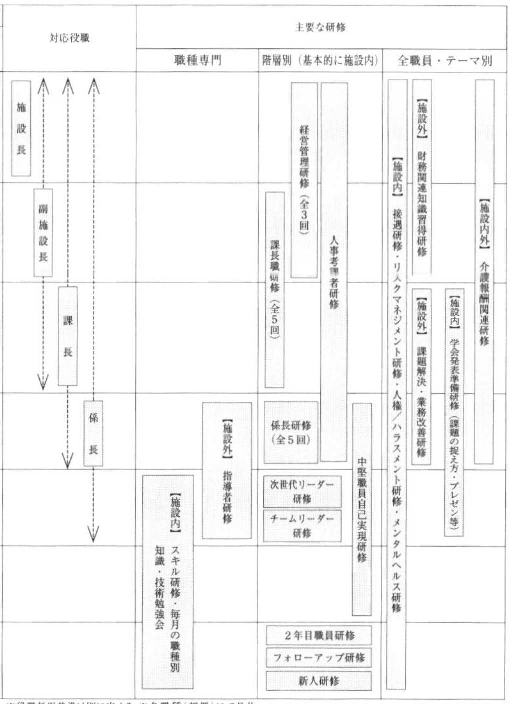

※役職任用基準は別に定める

※各職種（部署）にて具体的な年間計画を立案する

＊P21に拡大版あり

介護施設のためのキャリアパスのつくり方・動かし方
発行 東社協 東京都高齢者福祉施設協議会 施設管理検討委員会
作成 株式会社フロインド 下田 静香

社会福祉法人○○会　キャリアパス制度の全体像（例示②）

等級	階層	最低滞留年数	等級定義	昇格基準：職務要件	昇格基準：実績基準	昇格基準：審査基準	対応役職	主要な研修：職種専門	主要な研修：階層別（基本的に施設内）	主要な研修：全職員・テーマ別
9	施設長レベル	—	《組織運営・経営管理・統括業務》 高度な経営能力を有し、経営者を補佐すると共に大単位以上の組織（施設）を統括する業務を遂行することができる	8等級の役割が遂行でき、8等級の能力が備わっていると認定され、上司から与えられた9等級（施設長レベル）の役割業務もできると認められた水準	過去4期のうち、人事考課結果（総合）がB評価以上、かつ2回以上のA評価	1. レポート審査 (1) 課題：施設運営に関するテーマ (2) A4縦サイズ横書き1,600字程度 2. 面接	施設長 副施設長		施設長研修（施設外）	【施設内】接遇研修・リスクマネジメント研修・人権／ハラスメント研修・メンタルヘルス研修 【施設外】財務関連知識習得研修 【施設内外】介護報酬関連研修
8	副施設長レベル	5	《組織運営・経営管理・統括業務》 経営能力を有し、施設長を補佐すると共に大単位以上の組織（施設）を統括する業務を遂行することができる	7等級の役割が遂行でき、7等級の能力が備わっていると認定され、上司から与えられた8等級（副施設長レベル）の役割業務もできると認められた水準	過去4期のうち、人事考課結果（総合）がB評価以上、かつ2回以上のA評価	1. レポート審査 (1) 課題：施設運営に関するテーマ (2) A4縦サイズ横書き1,600字程度 2. 面接	部長・所長・室長		人事考課者研修	
7	部長レベル	5	《組織運営・統括業務》 高度な専門知識･技術と管理能力を有し、施設長および副施設長を補佐すると共に大単位以上の組織（部門）を統括する業務を遂行することができる	6等級の役割が遂行でき、6等級の能力が備わっていると認定され、上司から与えられた7等級（部長レベル）の役割業務もできると認められた水準	過去4期のうち、人事考課結果（総合）がB評価以上、かつ2回以上のA評価	1. レポート審査 (1) 課題：部門運営に関するテーマ (2) A4縦サイズ横書き1,600字程度 2. 面接			経営管理研修（全3回）	
6	課長・所長レベル	5	《管理監督・統括業務》 高度な専門知識・技術と管理能力を有し、中単位組織（部署）を統括・運営し、部下を指導・育成、管理する業務を遂行することができる	5等級の役割が遂行でき、5等級の能力が備わっていると認定され、上司から与えられた6等級（課長・所長レベル）の役割業務もできると認められた水準	過去4期のうち、人事考課結果（総合）がB評価以上、かつ2回以上のA評価	1. レポート審査 (1) 課題：部署運営に関するテーマ (2) A4縦サイズ横書き1,200字程度 2. 面接	課長		課長職研修（全5回）	
5	係長レベル	5	《指導監督・部署運営業務》 優れた専門知識・技術を有し、上司方針に従って小単位組織（部署内の係、チーム）を運営し、部下を指導・育成、管理する業務を遂行することができる 高度な専門知識･技術を有し、法人または事業所の事業に貢献するとともに後進の育成、スタッフの育成をすることができる	4等級の役割が遂行でき、4等級の能力が備わっていると認定され、上司から与えられた5等級の役割業務もできると認められた水準	過去4期のうち、人事考課結果（総合）がB評価以上、かつ1回以上のA評価	1. レポート審査 (1) 課題：自部署の問題点とその解決策 (2) A4縦サイズ横書き800字程度 2. 面接	係長・主任	【施設外】指導者研修		【施設外】課題解決・業務改善研修 【施設内】学会発表準備研修（課題の捉え方・プレゼン等）
4	主任レベル	4	《指導・チーム運営業務》 部署内業務全般の遂行に必要な知識・技術を有し、的確な判断により業務を遂行でき、部下・下級者を指導・育成することができる	3等級の役割が遂行でき、3等級の能力が備わっていると認定された水準	過去4期の人事考課結果（総合）がすべてB評価以上	1. レポート審査 (1) 課題：自部署の問題点とその解決策 (2) A4縦サイズ横書き800字程度			係長研修（全5回） 中堅職員自己実現研修	
3	上級	3	《複雑定型・熟練業務》 確かな専門知識・技術・経験を有し、大まかな指示により業務を遂行することができ、下級者・後輩を指導することができる	2等級の役割が遂行でき、2等級の能力が備わっていると認定された水準	過去4期の人事考課結果（総合）がすべてB評価以上	所属長の推薦理由による		【施設内】スキル研修・毎月の職種別知識・技術勉強会	次世代リーダー研修 チームリーダー研修	
2	中級	2	《一般定型業務》 基礎的な専門知識・技術を基に具体的な指示または定められた手順に従い、多少の経験によって業務を遂行することができる	1等級の役割が遂行でき、1等級の能力が備わっていると認定された水準	過去4期の人事考課結果（総合）がすべてB評価以上	所属長の推薦理由による				
1	初級	2	《補助・単純定型業務》 細かな指示または定められた手順に従って、業務を遂行することができる						2年目職員研修 フォローアップ研修 新人研修	

※1～3等級の役割は別に定める職種別等級別職能要件書による

※役職任用基準は別に定める

※各職種（部署）にて具体的な年間計画を立案する

＊P22に拡大版あり

介護施設のためのキャリアパスのつくり方・動かし方
発行 東社協 東京都高齢者福祉施設協議会 施設管理検討委員会
作成 株式会社フロインド 下田 静香

ルを定めます。等級定義は概略的内容ですので、さらに職種別の仕事レベル内容が必要となります。それを表すのが職能要件書、職務記述書と呼ばれるもので、職種別等級別の基準となるものです。上記は介護職員の職能要件書の一部です。介護の仕事でも１等級レベル、２等級レベルというように、等級レベルが上がるに従って知識や技術のレベルも高まりますから、仕事の出来栄えに等級の違いが出るはずです。

（３）役職の段階を整理し、等級（段階）に当てはめる

次に、役職職階を整理し、どの等級になったらどの役職の役割を果たすことができるのかを定めます。等級定義に従って、現状の役職を当てはめてみます。その前に、現状の役職職階数を確認してみましょう。部署人員数が少ないにも関わらず、リーダー、副主任、主任、係長、課長代理、課長、部長と、７段階の役職職階を設けていた施設があります。役職職階が多いということは、意思決定者が多いことになりますので、最終決定までに時間がかかります。また、現状の各役職に明確な役割の違いがないのであれば、等級制度導入とともにその役職は段階的に最低限の職階数に踏襲することが望まれます。この機会に役職職階の整理をし、その役割を明文化し、組織のスリム化を図ることも検討します。役職の役割や任免基準等については後に述べます。

（４）各等級の期待する在級年数を定める（モデル職員の等級別在級年数）

各等級に等級定義と職種別の仕事レベルを表した職能要件を定めましたら、次に決めるのは、何年程度で各等級の職能要件を満たしてほしいのかを示す期待年数です。例えば、介護職員の１等級の職能要件書に定める業務は、標準的な職員ですと何年で自立してそのレベルに達

社会福祉法人○○会　職能要件書【介護共通】

等級：１等級

業務	課業	課業内容	到達レベル	必要な専門知識・技術業務知識	具体的手段・方法（図書・研究・資格免許等）
日常生活動作に対する援助（ADL）	食事の援助	1．食事の準備と片付け（食堂・居間）（湯茶・オシボリ・掃除等） 2．配膳・下膳 3．食事介助	□利用者の疾患状況やADLに応じて誤嚥がないように姿勢を整えることができる。 □食事の介助、援助ができ異変をキャッチしたら看護師に連絡することができる。	・食事介助の知識・技能 ・自助具の種類と活用	〈図書〉 ・「介護概論」P114～116 ・介護技術 P188～202
	排泄の援助	1．オムツ等の交換（準備・実施・片付け） 2．トイレ介助 3．ポータブルトイレ・尿器の介助 4．留置カテーテル挿入者の観察、看護師へ連絡 5．尿、便失禁時のケア 6．スタッフへの排泄状態の情報提供	□声をかけながら、居室のカーテンやスクリーンを閉める等、プライバシーに気をつけながら排泄ケアができる。 □排泄物の観察（量・色・匂い・形状・回数）を行い、異常があれば看護師等に速やかに報告できる。 □看護師、他スタッフへの排泄状態の情報提供ができる。	・排泄介助に関する知識技能	〈図書〉 ・介護概論 P116～P117 ・介護技術 P203～223 〈基本マニュアル〉 【基本介護（排泄）】
	入浴の援助	1．浴室の準備・片付け・清掃 2．着替えの準備 3．着脱の介助 4．入浴介助（洗身、洗髪等） 5．入浴用品の洗浄・消毒	□利用者の身体状態や入浴方法（特浴、一般浴等）を把握し、誘導・入浴介助を他の担当者と連携、協力をとりながら実施できる。 □衣類の着脱時には、身体状況を観察しながら、利用者に合った順序で安全に介助することができる。	・入浴介助の知識、技能	〈図書〉 ・介護概論 P118～P119 ・介護技術 P224～266
	移動の介助	1．歩行の介助 2．車椅子による移動介助（各種車椅子の操作等含む） 3．ストレッチャーによる移動介助 4．移行･移乗介助（ベット～車椅子･Ｐトイレ等）	□利用者の身体状況に合った移動機器を選ぶことができ、安全な移動介助ができる。	・移動に関する知識と技能	〈図書〉 ・介護技術 P154～178 ・介護概論 P121～125
	美容・保清の援助	1．洗面・整髪の介助 2．口腔衛生（ハミガキ・うがい・口腔清拭）の介助 3．清拭（全身・部分）	□利用者とコミュニケーションをとりながら整容（洗髪・口腔清潔・耳掃除等）を行うことができる。 □手洗い、歯磨き、義歯洗浄など感染予防の必要性を説明しながら利用者の介助ができる。	・保清に関する知識と技能	〈図書〉 ・介護技術 P267～279
心身管理	安全確保の援助	1．不穏･徘徊利用者の対応（見守り、付き添い） 2．転倒･転落予防（ベット柵、介助バー、見回り）	□利用者の疾病状況や精神状態を把握し、転倒・転落・不穏・徘徊などに対して、個々の対応策を提案することができる。	・環境整備に関する知識と技能 ・認知症高齢者に関する知識と技能	〈図書〉 ・介護技術 P344～349 ・介護概論 P142～147
	安楽への援助	1．体位変換と体位の工夫 2．罨法実施（クーリング･冷温湿布･電気毛布） 3．睡眠への配慮（室温、照明の調整等） 4．体重	□安楽を図るために使用される道具や物品についての知識があり、利用者にあった体位変換や体位の工夫できる	・安楽に関する知識と技能 . 冷あん法の知識 ・測定技術	〈図書〉 ・介護技術 P302～313 ・介護概論 P95～100
生活援助	居室環境の整備	1．居室の清掃、介護機器・用品清掃整頓（車椅子、歩行器等） 2．居室のゴミ集め、分別処理 3．室温・温度・換気・照度の調整	□清潔で安全な生活が送れるよう居室、フロアー等の清掃、整理整頓ができ、室温、換気、臭気対策等検討し実施することができる	・環境整備に関する知識	〈図書〉 ・介護技術 P98～104
	寝具・リネン類の取り扱い	1．寝具、リネン類の定期的交換（居室） 2．寝具類の請求、返却伝票の確認	□手順に従ってベッドメイキングやリネン類の管理と定期交換ができる。	・ベッドメイキングに関する知識 ・伝票類の知識	〈図書〉 ・愛護技術 P114～126
	衣服の洗濯方法仕分け（業者・家族洗濯）	1．業者委託洗濯物回収（名前チェック） 2．業者洗濯の（可・否）仕分け、委託伝票記入 3．洗濯済衣服の確認と個別仕分け 4．家族持ち替え入り用洗濯物の整理・保管	□業者からの回収、委託、返却ができる。	・洗濯業者の把握 ・洗濯機の取り扱いに関する知識	・OJT

介護施設のためのキャリアパスのつくり方・動かし方
発行 東社協 東京都高齢者福祉施設協議会 施設管理検討委員会
作成 株式会社フロインド 下田 静香

することが望ましいのかを設定します。この期待年数の積み上げは主任になるまでには○年かかるという中長期的人材育成の目安となります。また職員の側の視点で見ますと、現状の自分の立ち位置の確認と自施設での将来（キャリア）を考える指標となります。

（5）等級（段階）が上がる条件（基準）を決める～昇格基準～

等級が上がる基準は、等級定義と職能要件書を活用します。各等級のスキルが身についたかどうかは職能要件書でチェックができますが、そのスキルはそれぞれの職種の仕事ができる、スキルが身についたことに限定されています。職能要件書には、社会人として、組織の一員として行動や態度、仕事への意欲に関することは記されていません。そこで、社会人として、組織人としての行動や態度、意欲のチェックは、全職種に共通して求められることですので、年１回もしくは２回の人事評価で測定することができます。職種専門のスキルや技術だけではなく、社会人として組織人として通用する職員を育成することも重要な人材育成です。次に記すのは、昇格する条件や基準、昇格審査の種類です。自施設で昇格時に確認したい条件を組み合わせて設定するとよいでしょう。

【昇格条件の種類】

○職務・職能要件を確認する方法
・職種別等級別の職能要件書のチェック
○在級等級での実績を確認する方法
・過去の人事考課の結果（過去２年間の総合結果など）
・過去の個人目標達成度
○人物、仕事への意欲、総合的能力を確認する方法
・面接
・課題レポート（課題は等級別に定める）
・プレゼンテーション試験
・筆記試験

「人物、仕事への意欲、総合的能力を確認する方法」では、昇格する等級レベルによって内容、テーマを変えて実施するとよいでしょう。昇格する等級になるために最低限できていてほしいこと、知っておいてほしいことを確認する手段として活用するとよいでしょう。

筆記試験であれば、自施設の職員として知っておいてほしいこと、例えば理念、経営方針、利用定員数、当年度の主な事業計画、自施設で算定されている加算項目などを問う筆記試験も有効です。自施設の組織の一員として、これを知っておくことはとても重要なことといえます。

昇格条件の設定は、段階的に確実に専門性だけではなく、仕事をする上で必要な総合力を身に着けていることも併せて確認する方法を自施設なりに設定することがポイントです。

３．運用のポイント

（1）等級制度を適用する職員

等級制度を適用する職員を決定します。就業規則に定めている職員区分から適用範囲を定めるとよいでしょう。等級制度は、人材育成を主たる目的として運用しますので、段階的に育成する職員はどの職員区分であるのかを明確にすることで、その職員の育成計画にも関連してきます。

【職員区分】（A施設の就業規則から抜粋した職員区分の例）

一　正職員（正規職員、有期契約職員）
二　契約職員
三　嘱託職員
四　パートタイマー、アルバイト

（2）入職時の等級の決定

新入職員が入職してきた場合の等級の決定方法を定めておきます。

①新規学卒者を採用した場合

原則として１等級からスタートします。

②中途採用の場合

自施設が採用した職種の職能要件書と当該職員の職歴、経験等を聞取り、等級を決定します。ただし、入職時は「仮等級」として、等級を決定しておき、実際の職能要件書の業務の遂行状況を確認するための期間（試行期間）を設け、それを経てから、等級を確定します。次に示すのは、仮等級から確定等級への申請手続きの事例です。

（3）等級昇格の時期の設定

原則として年１回（一般的には４月１日付）、不定期な等級昇格は避けます。賃金制度と連動させる制度とする場合、等級が昇格すると、昇給にも関係するため、昇給時期に合わせて等級昇格を行うことが望ましいといえます。

【等級昇格のためのスケジュールの例示】

1月中旬～末日	等級昇格対象者の推薦受付 （1月31日締め切り）
2月上旬	推薦対象者の推薦資格の確認 （職能要件書チェック状況確認、過去の人事考課結果確認
2月中旬	推薦対象者へのレポート試験、筆記試験、面接試験の連絡 ○レポート試験…テーマと締め切りを通知 ○筆記試験、面接試験…日時を通知
2月下旬	昇格試験の実施、レポートの審査
3月上旬	人事決定の会議で昇格対象者の決定
3月中旬	昇格対象者に所属長を通じて内示
4月1日	等級昇格発令

（4）等級制度導入時の在職職員への等級決定

等級制度導入時、在職職員をどの等級に当てはめるのかを決定します。職員はそれぞれ自施設での経験もありますし、過去に他業種、他施設での経験もあります。よって、何を基準に制度導入時の等級を決定するのかは、自施設において定める必要があります。等級決定の基準の例は次のとおりです。

○自施設で定める中途採用者の職歴換算と自施設での在職年数

○保有している資格（1等級…資格なし、2等級…ヘルパー1級、3等級…介護福祉士）

○自施設での在職年数（1～3年であれば1等級、4～6年であれば2等級…）

また、自施設で定めた基準で等級を決定したものの、各職員が職能要件書どおりに業務遂行できるのかの確認が必要ですから、前述した中途採用者の等級決定の手続きと同様に確認の期間を設けたほうがよいでしょう。次に示すのは、在職職員の等級決定までの手続き例です。

仮等級・本等級格付申請書

①

申請対象者名		所属	
入職年月日	平成　年　月　日		

上記の職員について、**仮等級**を申請します。

②

仮等級申請日	平成　年　月　日	申請者名	印
申請する等級	等級		

◆入職後、3か月間の職務の状況

③ 主な課業	④ 課業等級	⑤ 到達状況				態度について ⑥ / 総合コメント ⑦
①		支援ありで多少できる	支援ありでできる	一人でできる	他者に教えられる	
②		支援ありで多少できる	支援ありでできる	一人でできる	他者に教えられる	
③		支援ありで多少できる	支援ありでできる	一人でできる	他者に教えられる	
④		支援ありで多少できる	支援ありでできる	一人でできる	他者に教えられる	
⑤		支援ありで多少できる	支援ありでできる	一人でできる	他者に教えられる	

⑧

人事委員会		最終承認		人事部記入欄	

以下のとおり、**本等級**を申請します。

⑨

本等級申請日	平成　年　月　日	申請者名	印
申請する等級	等級		

◆仮等級格付け後、3か月間の職務の状況

⑩ 主な課業	⑪ 課業等級	⑫ 到達状況				態度について ⑬ / 総合コメント ⑭
①		支援ありで多少できる	支援ありでできる	一人でできる	他者に教えられる	
②		支援ありで多少できる	支援ありでできる	一人でできる	他者に教えられる	
③		支援ありで多少できる	支援ありでできる	一人でできる	他者に教えられる	
④		支援ありで多少できる	支援ありでできる	一人でできる	他者に教えられる	
⑤		支援ありで多少できる	支援ありでできる	一人でできる	他者に教えられる	

⑮

人事委員会		最終承認		人事部記入欄	

≪記入方法≫

① **申請対象者名**：仮等級を格付けする職員名を記入します。
所属：申請時現在の所属名を記入します。
入職年月日：入職日を年月日で記入します。

【ここからは、仮等級の申請です】

② **仮等級申請日**：人事部に提出する日付を記入します。
申請者名：申請対象者が所属する所属長名を記入、押印します。
申請する等級：申請対象者の申請したい仮等級を記入します。
③ **主な課業**：入職後3ヶ月間に担当させた主な課業を5つ記入します。
④ **課業等級**：「主な課業」のそれぞれの指定された等級を記入します。
（職能要件書と照合のこと）
⑤ **到達状況**：それぞれの課業の到達度合いで当てはまるものを○印で囲みます。
⑥ **態度について**：入職後3ヶ月間の執務態度について、気づいたことを記入します。
⑦ **総合コメント**：仮等級を申請する理由について記入します。
⑧ ※　仮等級申請書の提出後、人事部他が記入します。

【ここからは、本等級の申請です】

⑨ **本等級申請日**：人事部に提出する日付を記入します。
申請者名：申請対象者が所属する所属長名を記入、押印します。
申請する等級：申請対象者の申請したい本等級を記入します。
⑩ **主な課業**：仮等級格付け後3ヶ月間に担当させた主な課業を5つ記入します。
⑪ **課業等級**：「主な課業」のそれぞれの指定された等級を記入します。
（職能要件書と照合のこと）
⑫ **到達状況**：それぞれの課業の到達度合いで当てはまるものを○印で囲みます。
⑬ **態度について**：仮等級格付け後3ヶ月間の執務態度について、気づいたことを記入します。
⑭ **総合コメント**：本等級を申請する理由について記入します。
⑮ ※　本等級申請書の提出後、人事部他が記入します。

＊P24に拡大版あり

介護施設のためのキャリアパスのつくり方・動かし方
発行 東社協 東京都高齢者福祉施設協議会 施設管理検討委員会
作成 株式会社フロインド 下田 静香

【等級決定までの手続き例】

○制度導入時：当法人での現在の職種に就いての職歴年数、経験などで「仮等級」決定する。
○6ヶ月後：各自、仮等級の職能要件書を自己・上司評価し、等級を確定する。

（5）**降格について**

原則として、等級制度には「降格」の仕組みを設けるかは、各施設で慎重に検討することをお勧めします。本制度は、人材育成を主たる目的としており、処遇決定が第一義でないからです。しかし、様々な理由により「降格」を行わなければならない場合、本制度の規程に降格を行うことがある旨を定めておくこと、降格するときの理由を明示しておくこと、降格を行うときは慎重に議論の上決定することが望まれます。なぜならば、賃金制度と連動している場合、昇給等に影響が出てくるからです。より慎重に行うべきことであることを認識しておきたいものです。ただし、就業規則に定める降格については、それに従うものとします。

等級制度Q＆A

Q1 正規職員、非常勤職員、アルバイト、時短など様々な雇用形態がありますが、当施設ではそれぞれに合わせたキャリアパスが整っておりません。今後それぞれに合わせたキャリアパスを描くにはどういったことをポイントに整備を進めていけばいいのでしょうか？

A1 キャリアパスでは、職員が各自の能力、価値観、動機、特性に応じて役割と責任を分担し、経験年数や資格取得、研修参加、成績などある一定の基準を満たすようになったときに、ステップアップできる仕組みを作り、職員の仕事に対するやる気を引き出すというものです。職員が主任になるには何が期待されているか、課長や部長になるためにはどのような経験や資格が必要なのかといったキャリアアップの仕組みを整備した上で職員に　それを周知し、さらに長期的な視点で仕事の道筋となるものをキャリアパスとして策定します。

非常勤職員、アルバイト、時短職員もキャリアパスの一部を適用するなどにより、より優秀な職員の育成につなげることができます。また、キャリアアップとしての役職に代えて、

時間給の昇給の基準を策定するという手法もあります。非常勤職員、アルバイト、時短職員も「適正に評価されている」という満足感につながり、より働き甲斐を得ることができます。

雇用形態別のキャリアパスの活用として、正規職員の場合は、一般職員から上位等級へのキャリアの道筋を明確にして、職員が次に目指すものが明確にわかるようにします。

給与への反映の明確化も重要です。等級が上がると同時に昇給額も上がるため、職員が資格を取得し、勤続するとともに様々な研修機会を得て、能力を向上させ、組織に貢献していくことで処遇にも反映されるということが分かる仕組み作りが重要です。

Q2 法人で1施設を運営している事業所です。我々のような小規模事業所では人事異動も少なく、役職のポストの数も限られています。このような状況の中で職員のキャリアを考えていくにはどういった方法があるのでしょうか？

A2 小規模事業所では、ポストの数が限られているため役職に結びつけるキャリアパスの運用には難しさがあります。そこで、経験や資格などをベースとしたキャリアパスに職能に応じ手当を支給する給与体系を整備するという手法もあります。これは、職員のモチベーションの向上や定着は昇進ということだけではなく、自らが頑張れば報酬として報われるという視点に立つものとなります。

資格と給与をリンクさせることで、職員の資格取得の意欲向上につながることとなり、ひいては事業所全体のケアの質の向上につながることとなります。

事業所として職員の資格取得を支援する制度の整備も有効といえるでしょう。

具体的には、資格取得のための研修費や受験費用の負担、資格取得後の報奨金や研修参加のための勤務調整などが挙げられます。

「頑張る職員が報われる」という体制を整備し、その姿勢を職員が具体的に感じることができる制度にすることが大切です。

（例）

社会福祉法人○○会

キャリアパス制度に関する規程

（目的）

第１条　この規程は、職務を遂行するにあたって職務遂行能力基準を定義し、社会福祉法人○○会（以下、「当法人」という。）に勤務する職員にとっての能力開発の指標として人材育成の強化を図るとともに、職員を各々の能力に応じて、当法人内のキャリアパス等級（以下、「等級」という。）に位置付けることにより、各人の職能に応じた公平な処遇の実現を図ることを目的とする。

（等級定義）

第２条　等級とは、職務遂行能力と職務の発展の段階であり、職務遂行能力と職務を適正に評価して格付けする処遇上の区分をいう。

（適用範囲）

第３条　この規程は、当法人に勤務する全ての職員に適用する。ただし、当法人就業規則第○条第○項の職員については、労働契約書において個別に取り扱いを定めることができる。

（等級基準）

第４条　等級は、７段階に区分し、各々の等級の基準を次のとおりとする。

職能層	等級	等級の基準
管理層	7等級	【組織運営・統括業務】 高度な経営能力を有し、経営者を補佐すると共に大単位以上の組織（施設）を統括する業務を遂行することができる
	6等級	【管理監督・統括業務】 高度な専門知識・技術と管理能力を有し、中単位組織（部署）を統括・運営し、部下を指導・育成、管理する業務を遂行することができる
監督層	5等級	【指導監督・部署運営業務】 優れた専門知識・技術を有し、上司方針に従って小単位組織（部署内の係、チーム）を運営し、部下を指導・育成、管理する業務を遂行することができる 【専門職業務】 高度な専門知識・技術を有し、法人または事業所の事業に貢献するとともに後進の育成、スタッフの育成をすることができる
	4等級	【指導・チーム運営業務】 部署内業務全般の遂行に必要な知識・技術を有し、的確な判断により業務を遂行でき、部下・下級者を指導・育成することができる
一般層	3等級	【複雑定型・熟練業務】 確かな専門知識・技術・経験を有し、大まかな指示により業務を遂行することができ、下級者・後輩を指導することができる
	2等級	【一般定型業務】 基礎的な専門知識・技術を基に具体的な指示または定められた手順に従い、多少の経験によって業務を遂行することができる
	1等級	【補助・単純定型業務】 細かな指示または定められた手順に従って、業務を遂行することができる

（等級の要件）

第５条　前条に定める等級の基準に基づき、各々の等級の要件は、当法人の職種別等級別職能要件書

（以下、「職能要件書」という。）に別に定める。

（等級の格付け）
第６条　等級の格付けについては、次の基準に照らしてこれを行う。
一　新卒採用者については、原則として次のとおりとする。

学　　歴	等級
大学卒業 専門学校（４年制）卒業 専門学校（２、３年制）卒業 短期大学卒業 高等学校卒業	１等級

二　中途採用者については、当該者の職務遂行能力を職能要件書に照らし合わせて格付けするものとする。ただし、入職時点での格付けはしないものとし、入職３ヵ月経過した後に仮格付とし、６カ月後に本格付を行うものとする。

（等級の昇格）
第７条　等級の昇格は、次の基準に基づき、職能要件書による職務遂行能力の保有度の確認、人事考課の結果および昇格審査試験の結果により人事委員会で審査し、施設長が決定するものとする。人事考課の運用については、別に定める「人事考課に関する規程」による。

職能等級	職務遂行能力の確認	人事考課の結果	昇格審査試験
７等級	等級基準レベルの職務を遂行できる	過去２年間A評価以上	あり
６等級	等級基準レベルの職務を遂行できる	過去２年間A評価以上	あり
５等級	等級基準レベルの職務を遂行できる	過去２年間B評価以上	あり
４等級	職能要件書の３等級の業務を遂行できる	過去２年間B評価以上	あり
３等級	職能要件書の２等級の業務を遂行できる	過去２年間B評価以上	—
２等級	職能要件書の１等級の業務を遂行できる	過去２年間B評価以上	—

（降格）
第８条　上位等級へ昇格後、業務成績が著しく不振で、業務に支障をきたすことが生じた場合には、人事委員会にて審議の上、降格を命ずる場合がある。

（発令）
第９条　等級の格付け及び昇格の発令は、辞令を発行し、理事長がこれを行うものとする。

（役職と等級の対応）
第10条　４等級以上の等級資格については、管理監督職級とし、各々の等級に対応する職位を次のとおり定める。役職の任用については、別に定める「役職者の任免に関する規程」による。

職能等級	役職名称
７等級	施設長
６等級	副施設長・部長
５等級	課長・係長
４等級	係長

（専門職の任用）
第11条　専門職の任用は、専門分野において極めて高度な専門的知識・技術を有していると認めた場合に、人事委員会で審査の上、施設長が任命する。専門職任用の手続きは、別に定める「専門職に関する規程」による。

（改廃）
第12条　この規程の改廃は、理事会の議決により行うものとする。

附　　則
（本規則の実施日）
第１条　この規程は、平成○○年○○月○○日より実施する。

（例）社会福祉法人○○会　キャリアパス制度の全体像

等級	階層	最低滞留年数	等級定義	昇格基準 職務要件	実績基準	審査基準	対応役職	主要な研修 職種専門	階層別（基本的に施設内）	全職員・テーマ別
7	施設長・副施設長レベル	—	《組織運営・統括業務》 高度な経営能力を有し、経営者を補佐すると共に大単位以上の組織（施設）を統括する業務を遂行することができる	6等級の役割が遂行でき、6等級の能力が備わっていると認定され、上司から与えられた7等級（施設長レベル）の役割業務もできると認められた水準	過去4期のうち、人事考課結果（総合）がB評価以上、かつ2回以上のA評価	1. レポート審査 (1) 課題：部署運営に関するテーマ (2) A4縦サイズ横書き1,200字程度 2. 面接	施設長		経営管理研修（全3回） 人事考課者研修	【施設内】接遇研修・リスクマネジメント研修・人権／ハラスメント研修・メンタルヘルス研修 【施設外】財務関連知識習得研修 【施設内外】介護報酬関連研修
6	所長・部長レベル	5	《管理監督・統括業務》 高度な専門知識・技術と管理能力を有し、中単位組織（部署）を統括・運営し、部下を指導・育成、管理する業務を遂行することができる	5等級の役割が遂行でき、5等級の能力が備わっていると認定され、上司から与えられた6等級（所長・室長レベル）の役割業務もできると認められた水準	過去4期のうち、人事考課結果（総合）がB評価以上、かつ1回以上のA評価	1. レポート審査 (1) 課題：部署運営に関するテーマ (2) A4縦サイズ横書き1,200字程度 2. 面接	副施設長		課長職研修（全5回）	
5	課長レベル	5	《指導監督・部署運営業務》 優れた専門知識・技術を有し、上司方針に従って小単位組織（部署内の係、チーム）を運営し、部下を指導・育成、管理する業務を遂行することができる 《専門職業務》 高度な専門知識・技術を有し、法人または事業所の事業に貢献するとともに後進の育成、スタッフの育成をすることができる	4等級の役割が遂行でき、4等級の能力が備わっていると認定され、上司から与えられた5等級の役割業務もできると認められた水準	過去4期のうち、人事考課結果（総合）がB評価以上、かつ1回以上のA評価	1. レポート審査 (1) 課題：自部署の問題点とその解決策 (2) A4縦サイズ横書き800字程度 2. 面接	課長			【施設外】課題解決・業務改善研修 【施設内】学会発表準備研修（課題の捉え方・プレゼン等）
4	係長レベル	4	《指導・チーム運営業務》 部署内業務全般の遂行に必要な知識・技術を有し、的確な判断により業務を遂行でき、部下・下級者を指導・育成することができる	3等級の役割が遂行でき、3等級の能力が備わっていると認定された水準	過去4期の人事考課結果（総合）がすべてB評価以上	1. レポート審査 (1) 課題：自部署の問題点とその解決策 (2) A4縦サイズ横書き800字程度	係長	【施設外】指導者研修	係長研修（全5回） 中堅職員自己実現研修	
3	上級	4	《複雑定型・熟練業務》 確かな専門知識・技術・経験を有し、大まかな指示により業務を遂行することができ、下級者・後輩を指導することができる	2等級の役割が遂行でき、2等級の能力が備わっていると認定された水準	過去4期の人事考課結果（総合）がすべてB評価以上	所属長の推薦理由による		【施設内】スキル研修・毎月の職種別知識・技術勉強会	次世代リーダー研修 チームリーダー研修	
2	中級	3	《一般定型業務》 基礎的な専門知識・技術を基に具体的な指示または定められた手順に従い、多少の経験によって業務を遂行することができる	1等級の役割が遂行でき、1等級の能力が備わっていると認定された水準	過去4期の人事考課結果（総合）がすべてB評価以上	所属長の推薦理由による				
1	初級	2	《補助・単純定型業務》 細かな指示または定められた手順に従って、業務を遂行することができる						2年目職員研修 フォローアップ研修 新人研修	

※1〜3等級の役割は別に定める職種別等級別職能要件書による

※役職任用基準は別に定める

※各職種（部署）にて具体的な年間計画を立案する

介護施設のためのキャリアパスのつくり方・動かし方
発行　東社協　東京都高齢者福祉施設協議会　施設管理検討委員会
作成　株式会社フロインド　下田　静香

社会福祉法人○○会　キャリアパス制度の全体像（例示②）

等級	階層	最低滞留年数	等級定義	昇格基準：職務要件	昇格基準：実績基準	昇格基準：審査基準	対応役職	主要な研修：職種専門	主要な研修：階層別（基本的に施設内）	主要な研修：全職員・テーマ別
9	施設長レベル	—	《組織運営・経営管理・統括業務》 高度な経営能力を有し、経営者を補佐すると共に大単位以上の組織（施設）を統括する業務を遂行することができる	8等級の役割が遂行でき、8等級の能力が備わっていると認定され、上司から与えられた9等級（施設長レベル）の役割業務もできると認められた水準	過去4期のうち、人事考課結果（総合）がB評価以上、かつ2回以上のA評価	1. レポート審査 (1) 課題：施設運営に関するテーマ (2) A4縦サイズ横書き1,600字程度 2. 面接	施設長 副施設長		施設長研修（施設外）	【施設内】接遇研修・リスクマネジメント研修・人権／ハラスメント研修・メンタルヘルス研修 【施設外】財務関連知識習得研修 【施設内外】介護報酬関連研修
8	副施設長レベル	5	《組織運営・経営管理・統括業務》 経営能力を有し、施設長を補佐すると共に大単位以上の組織（施設）を統括する業務を遂行することができる	7等級の役割が遂行でき、7等級の能力が備わっていると認定され、上司から与えられた8等級（副施設長レベル）の役割業務もできると認められた水準	過去4期のうち、人事考課結果（総合）がB評価以上、かつ2回以上のA評価	1. レポート審査 (1) 課題：施設運営に関するテーマ (2) A4縦サイズ横書き1,600字程度 2. 面接	部長・所長・室長		人事考課者研修	
7	部長レベル	5	《組織運営・統括業務》 高度な専門知識・技術と管理能力を有し、施設長および副施設長を補佐すると共に大単位以上の組織（部門）を統括する業務を遂行することができる	6等級の役割が遂行でき、6等級の能力が備わっていると認定され、上司から与えられた7等級（部長レベル）の役割業務もできると認められた水準	過去4期のうち、人事考課結果（総合）がB評価以上、かつ2回以上のA評価	1. レポート審査 (1) 課題：部門運営に関するテーマ (2) A4縦サイズ横書き1,600字程度 2. 面接			経営管理研修（全3回）	
6	課長・所長レベル	5	《管理監督・統括業務》 高度な専門知識・技術と管理能力を有し、中単位組織（部署）を統括・運営し、部下を指導・育成、管理する業務を遂行することができる	5等級の役割が遂行でき、5等級の能力が備わっていると認定され、上司から与えられた6等級（課長・所長レベル）の役割業務もできると認められた水準	過去4期のうち、人事考課結果（総合）がB評価以上、かつ2回以上のA評価	1. レポート審査 (1) 課題：部署運営に関するテーマ (2) A4縦サイズ横書き1,200字程度 2. 面接	課長		課長職研修（全5回）	
5	係長レベル	5	《指導監督・部署運営業務》 優れた専門知識・技術を有し、上司方針に従って小単位組織（部署内の係、チーム）を運営し、部下を指導・育成、管理する業務を遂行することができる 高度な専門知識・技術を有し、法人または事業所の事業に貢献するとともに後進の育成、スタッフの育成をすることができる	4等級の役割が遂行でき、4等級の能力が備わっていると認定され、上司から与えられた5等級の役割業務もできると認められた水準	過去4期のうち、人事考課結果（総合）がB評価以上、かつ1回以上のA評価	1. レポート審査 (1) 課題：自部署の問題点とその解決策 (2) A4縦サイズ横書き800字程度 2. 面接	係長・主任	【施設外】指導者研修		【施設外】課題解決・業務改善研修 【施設内】学会発表準備研修（課題の捉え方・プレゼン等）
4	主任レベル	4	《指導・チーム運営業務》 部署内業務全般の遂行に必要な知識・技術を有し、的確な判断により業務を遂行でき、部下・下級者を指導・育成することができる	3等級の役割が遂行でき、3等級の能力が備わっていると認定された水準	過去4期の人事考課結果（総合）がすべてB評価以上	1. レポート審査 (1) 課題：自部署の問題点とその解決策 (2) A4縦サイズ横書き800字程度			係長研修（全5回） 中堅職員自己実現研修	
3	上級	3	《複雑定型・熟練業務》 確かな専門知識・技術・経験を有し、大まかな指示により業務を遂行することができ、下級者・後輩を指導することができる	2等級の役割が遂行でき、2等級の能力が備わっていると認定された水準	過去4期の人事考課結果（総合）がすべてB評価以上	所属長の推薦理由による		【施設内】スキル研修・毎月の職種別知識・技術勉強会	次世代リーダー研修 チームリーダー研修	
2	中級	2	《一般定型業務》 基礎的な専門知識・技術を基に具体的な指示または定められた手順に従い、多少の経験によって業務を遂行することができる	1等級の役割が遂行でき、1等級の能力が備わっていると認定された水準	過去4期の人事考課結果（総合）がすべてB評価以上	所属長の推薦理由による				
1	初級	2	《補助・単純定型業務》 細かな指示または定められた手順に従って、業務を遂行することができる						2年目職員研修 フォローアップ研修 新人研修	

※1～3等級の役割は別に定める職種別等級別職能要件書による

※役職任用基準は別に定める

※各職種（部署）にて具体的な年間計画を立案する

介護施設のためのキャリアパスのつくり方・動かし方
発行　東社協　東京都高齢者福祉施設協議会　施設管理検討委員会
作成　株式会社フロインド　下田　静香

（例）社会福祉法人〇〇会　職能要件書【介護共通】

等級：１等級

業務	課業	課業内容	到達レベル	必要な専門知識・技術 業務知識	具体的手段・方法 （図書・研修・資格免許等）
日常生活動作に対する援助（ADL）	食事の援助	１．食事の準備と片付け（食堂・居室）（湯茶・オシボリ・掃除等） ２．配膳・下膳 ３．食事介助	□利用者の疾患状況やADLに応じて誤嚥がないように姿勢を整えることができる。 □食事の介助、援助ができ異変をキャッチしたら看護師に連絡することができる。	・食事介助の知識・技能 ・自助具の種類と活用	＜図書＞ ・「介護概論」P114～116 ・介護技術P188～202
	排泄の援助	１．オムツ等の交換（準備・実施・片付け） ２．トイレ介助 ３．ポータブルトイレ・尿器の介助 ４．留置カテーテル挿入者の観察、看護職へ連絡 ５．尿、便失禁時のケア ６．スタッフへの排泄状態の情報提供	□声をかけながら、居室のカーテンやスクリーンを閉める等、プライバシーに気をつけながら排泄ケアができる。 □排泄物の観察（量・色・匂い・形状・回数）を行い、異常があれば看護師等に速やかに報告できる。 □看護師、他スタッフへの排泄状態の情報提供ができる。	・排泄介助に関する知識、技能	＜図書＞ ・介護概論P116～P117 ・介護技術P203～223 ＜基本マニュアル＞ 【基本介護（排泄）】
	入浴の援助	１．浴室の準備・片付け・清掃 ２．着替えの準備 ３．着脱の介助 ４．入浴介助（洗身、洗髪等） ５．入浴用品の洗浄・消毒	□利用者の身体状態や入浴方法（特浴、一般浴等）を把握し、誘導・入浴介助を他の担当者と連携、協力をとりながら実施できる。 □衣類の着脱時には、身体状況を観察しながら、利用者に合った順序で安全に介助することができる。 □湯温を確かめ湯加減はどうですかとやさしく声をかけができる。	・入浴介助の知識、技能	＜図書＞ ・介護概論P118～P119 ・介護技術P224～266
	移動の介助	１．歩行の介助 ２．車椅子による移動介助（各種車椅子の操作等含む） ３．ストレッチャーによる移動介助 ４．移行・移乗介助（ベット～車椅子・Pトイレ等）	□利用者の身体状況に合った移動機器を選ぶことができ、安全な移動介助ができる。	・移動に関する知識と技能	＜図書＞ ・介護技術P154～178 ・介護概論P121～125
	美容・保清の援助	１．洗面・整髪の介助 ２．口腔衛生（ハミガキ・うがい・口腔清拭）の介助 ３．清拭（全身・部分）	□利用者とコミュニケーションをとりながら整容（洗髪・口腔清潔・耳掃除等）を行うことができる □手洗い、歯磨き、義歯洗浄など感染予防の必要性を説明しながら利用者の介助ができる。	・保清に関する知識と技能	＜図書＞ ・介護技術P267～279
心身管理	安全確保の援助	１．不穏・徘徊利用者の対応（見守り、付き添い） ２．転倒・転落予防（ベット柵、介助バー、見回り）	□利用者の疾病状況や精神状態を把握し、転倒・転落・不穏・徘徊などに対して、個々の対応策を提案することができる。	・環境整備に関する知識と技能 ・認知症高齢者に関する知識と技能	＜図書＞ ・介護技術P344～349 ・介護概論P142～147
	安楽への援助	１．体位変換と体位の工夫 ２．罨法実施（クーリング・冷温湿布・電気毛布） ３．睡眠への配慮（室温、照明の調整等） ４．体重	□安楽を図るために使用される道具や物品についての知識があり、利用者にあった体位変換や体位の工夫できる	・安楽に関する知識と技術 ・冷あん法の知識 ・測定技術	＜図書＞ ・介護技術P302～313 ・介護概論P95～100
生活援助	居室環境の整備	１．居室の清掃、介護機器・用品清潔整頓（車椅子、歩行器等） ２．居室のゴミ集め、分別処理 ３．室温・温度・換気・照度の調整	□清潔で安全な生活が送れるよう居室、フロアー等の清掃、整理整頓ができ、室温、換気、臭気対策等検討し実施することができる。	・環境整備に関する知識	＜図書＞ ・介護技術P98～104
	寝具・リネン類の取り扱い	１．寝具、リネン類の定期的交換（居室） ２．寝具類の請求、返却伝票の確認	□手順に従ってベッドメイキングやリネン類の管理と定期交換ができる。	・ベッドメイキングに関する知識 ・伝票類の知識	＜図書＞ ・介護技術P114～126
	衣服の洗濯方法仕分け（業者・家族洗濯）	１．業者委託洗濯物回収（名前チェック） ２．業者洗濯の（可・否）仕分け、委託伝票記入 ３．洗濯済衣服の確認と個別仕分け ４．家族持ち帰り用洗濯物の整理・保管	□業者からの回収、委託、返却ができる。	・洗濯業務の把握 ・洗濯機の取り扱いに関する知識	・OJT

介護施設のためのキャリアパスのつくり方・動かし方
発行　東社協　東京都高齢者福祉施設協議会　施設管理検討委員会
作成　株式会社フロインド　下田　静香

(例) 仮等級・本等級格付申請書

①

申請対象者名		所　属	
入職年月日	平成　　年　　月　　日		

上記の職員について、**仮等級**を申請します。

②

仮等級申請日	平成　　年　　月　　日	申請者名	印
申請する等級	等級		

◆入職後、３か月間の職務の状況

③ 主な課業	④ 課業等級	⑤ 到達状況				態度について ⑥
①		支援ありで多少できる	支援ありでできる	一人でできる	他者に教えられる	
②		支援ありで多少できる	支援ありでできる	一人でできる	他者に教えられる	
③		支援ありで多少できる	支援ありでできる	一人でできる	他者に教えられる	総合コメント ⑦
④		支援ありで多少できる	支援ありでできる	一人でできる	他者に教えられる	
⑤		支援ありで多少できる	支援ありでできる	一人でできる	他者に教えられる	

⑧

人事委員会		最終承認		人事部記入欄	

以下のとおり、**本等級**を申請します。

⑨

本等級申請日	平成　　年　　月　　日	申請者名	印
申請する等級	等級		

◆仮等級格付け後、３か月間の職務の状況

⑩ 主な課業	⑪ 課業等級	⑫ 到達状況				態度について ⑬
①		支援ありで多少できる	支援ありでできる	一人でできる	他者に教えられる	
②		支援ありで多少できる	支援ありでできる	一人でできる	他者に教えられる	
③		支援ありで多少できる	支援ありでできる	一人でできる	他者に教えられる	総合コメント ⑭
④		支援ありで多少できる	支援ありでできる	一人でできる	他者に教えられる	
⑤		支援ありで多少できる	支援ありでできる	一人でできる	他者に教えられる	

⑮

人事委員会		最終承認		人事部記入欄	

介護施設のためのキャリアパスのつくり方・動かし方
発行 東社協 東京都高齢者福祉施設協議会 施設管理検討委員会
作成 株式会社フロインド 下田 静香

≪記入方法≫

①　**申請対象者名**：仮等級を格付けする職員名を記入します。
　　所属：申請時現在の所属名を記入します。
　　入職年月日：入職日を年月日で記入します。

【ここからは、仮等級の申請です】
②　**仮等級申請日**：人事部に提出する日付を記入します。
　　申請者名：申請対象者が所属する所属長名を記入、押印します。
　　申請する等級：申請対象者の申請したい仮等級を記入します。
③　**主な課業**：入職後３ヶ月間に担当させた主な課業を５つ記入します。
④　**課業等級**：「主な課業」のそれぞれの指定された等級を記入します。
　　　　　（職能要件書と照合のこと）
⑤　**到達状況**：それぞれの課業の到達度合いで当てはまるものを○印で囲みます。
⑥　**態度について**：入職後３ヶ月間の執務態度について、気づいたことを記入します。
⑦　**総合コメント**：仮等級を申請する理由について記入します。
⑧　※　仮等級申請書の提出後、人事部他が記入します。

【ここからは、本等級の申請です】
⑨　**本等級申請日**：人事部に提出する日付を記入します。
　　申請者名：申請対象者が所属する所属長名を記入、押印します。
　　申請する等級：申請対象者の申請したい本等級を記入します。
⑩　**主な課業**：仮等級格付け後３ヶ月間に担当させた主な課業を５つ記入します。
⑪　**課業等級**：「主な課業」のそれぞれの指定された等級を記入します。
　　　　　（職能要件書と照合のこと）
⑫　**到達状況**：それぞれの課業の到達度合いで当てはまるものを○印で囲みます。
⑬　**態度について**：仮等級格付け後３ヶ月間の執務態度について、気づいたことを記入し
　　　　　ます。
⑭　**総合コメント**：本等級を申請する理由について記入します。
⑮　※　本等級申請書の提出後、人事部他が記入します。

（例）

平成　　年　　月　　日

特別養護老人ホーム○○○
施設長　○○　○○　殿

等級昇格推薦書

推薦者＿＿＿＿＿＿＿＿＿＿＿＿＿＿＿＿㊞

下記の者を昇格推薦いたします。

<table>
<tr><td rowspan="2">被
推
薦
者</td><td colspan="2">所　属</td><td>ふりがな
氏　名
歳</td></tr>
<tr><td>現行役職</td><td>現行資格等級
等級</td><td>在級年数　　年　ヶ月
入職年月　　年　　月</td></tr>
</table>

推薦等級	＿＿＿等級

【職務の状況】

1）業務実績 2）職務に対する姿勢（意欲、態度など） 3）対人関係面

【推薦理由】

※人事部記入

<table>
<tr><td rowspan="2">評価
実績</td><td>1期前</td><td>2期前</td><td>3期前</td><td>4期前</td><td>備考</td></tr>
<tr><td></td><td></td><td></td><td></td><td></td></tr>
<tr><td colspan="6">□　昇格決定　□　見送り　□　その他（　　　　　　）</td></tr>
</table>

介護施設のためのキャリアパスのつくり方・動かし方
発行 東社協 東京都高齢者福祉施設協議会 施設管理検討委員会
作成 株式会社フロインド 下田 静香

Ⅱ 基本設計と運用②～評価制度～

1．評価制度の概要

キャリアパス運用で最も重要なのは人事評価がどれだけ現場で浸透、活用されているかです。人事評価は、職員個々に対して、「担当の仕事が正しくできているか、正しくできた結果、利用者に適切な介護が提供できているか」の測定機能です。職員が日々の仕事をきちんと実践することにより、その積み重ねがスキルアップにつながったり、利用者サービスの向上につながる仕事の仕方を身に着けたりすることにつながります。キャリアパスを動かす原点ともいえます。人事評価は、①日々の業務遂行チェック、②職員のスキルチェック、③職員の等級レベルチェックの役割があります。日々の評価の積み重ねは、先に記した等級昇格や役職任用の条件に連動させることも可能なため、人事評価制度を動かすことは、キャリアパス運用の要でもあることが理解できるでしょう。さらに、職員自身も自己評価することにより、自分の得意・不得意を認識し、それを踏まえ自己キャリアの形成にもつなげられます。

また、人事評価は、職員のスキルアップだけではなく、利用者サービスの向上のチェック機能としても活用が可能であるため、サービス提供が適切に行われているかの施設運営の側面でのチェック機能としても活用できます。正しくサービス提供ができているかは、施設運営にとって重要なことであり、ミスや事故防止の側面も含んでいるのです。

2．人事評価制度の設計

【人事評価制度の設計項目】

○誰を評価するか（人事評価の対象者）
○何を評価するか（人事評価の項目、内容）
○何段階の評価にするか（評価段階）
○いつ評価するか人事評価するか（時期、評価の期間）
○結果の処遇反映はどうするか（賞与、昇給、昇格、役職任用への反映方法）
○誰が誰を評価するか（評価者と被評価者の区分）

【人事評価制度の基本】

（1）誰を評価するか（人事評価の対象者）

就業規則上の職員区分から、人事評価の対象者を決めます。常勤職員のみを対象とするのか、非常勤職員も対象とするのかを検討するとき、昇給や賞与に人事評価結果を活用するのかに焦点が絞られがちですが、そもそも適切なサービス提供ができているかの測定が人事評価ですから、常勤職員であろうと非常勤職員であろうと同じ質のサービスを提供するのが基本的な考え方です。それを踏まえると常勤職員も非常勤職員も人事評価の対象とすることが望まれます。しかし、非常勤職員の立場からすると評価されるにもかかわらず、また評価されるから頑張ったにもかかわらず、処遇（時給アップ等）につながらない仕組みにしているのではモチベーションが下がってしまうことも考えられます。非常勤職員を対象とするならば、時給アップや賞与支給等の処遇反映と併せて検討しましょう。

（2）何を評価するか（人事評価の項目、内容）

①評価項目

一般的にⅰ）業務・成果に関する評価（成績評価）、ⅱ）行動・意欲に関する評価（情意評価）、ⅲ）能力に関する評価（能力評価）の3種類から必要な項目を定めます。3種類の評価項目を定める意味は、「与えられた仕事が正しくでき（成績、業績、成果）、仕事をする態度は大変優秀で（情意、行動、意欲）、仕事をするためのスキルをしっかりと身につけている（能力）」です。3種類の評価項目を兼ね備えた職員は、バランスよく育成された職員になることを期待されます。

ⅰ）成績・業務・成果に関する評価（成績評価）
担当している仕事、指示された仕事、責任を任された仕事の成果に対しての評価

ⅱ）行動・意欲・情意に関する評価（情意評価）
職務を遂行する上での行動、態度、仕事のすすめ方プロセスの良し悪し、意欲の高さに対しての評価

ⅲ）能力に関する評価（能力評価）
職務を遂行する上での知識や技術、技能の保有度に対しての評価

②評価項目の詳細内容（着眼点）

各等級には、等級制度の等級定義で定めたとおり、期待値が異なりますので、人事評価の評価内容もそれに応じて、先に述べた評価項目別に、評価要素および評価着眼点を定めます。評価要素および評価着眼点は、「評価する」ためのものではなく、等級別に職員に期待値、あるべき姿を示すものです。よって、次のことをベースに検討することで根拠のある基準として制度を運用することができます。

ⅰ）一般職員に期待する根拠となるもの
○法人の理念、行動指針
○就業規則およびそれに付随する規則、規程類
○業務マニュアル、手順書
○一般的な仕事の常識（報告、連絡、相談他）
○社会人としてのマナー・立居振舞い

ⅱ）役職に相当する等級に期待する根拠となるもの
○法人の理念、行動指針
○法人の中長期・短期事業計画
○職務権限規程の各役職者の権限範囲
○一般的な役職者に求められる資質、成果

次に示すのは、等級別職階別の評価要素の例

【評価表の区分と等級別職階別の評価要素の例示】

評価表区分 ＼ 評価の種類		成績・業務・成果の評価（成績評価）	行動・意欲・情意の評価（情意評価）	能力の評価（能力評価）
一般職層	一　般（1～3等級）	○仕事の質 ○仕事の量	○規律性　○責任性 ○積極性　○協調性	○業務に必要な知識・技術 ○伝達力・表現力 ○理解力 ○工夫力
	一　般（4等級以上）	○日常業務の推進度 ○業務改善度	○組織規律　○責任性 ○積極性　○協調性	
	係　長	○チーム目標の推進度 ○人材の育成	○チーム運営 ○コスト意識 ○チーム内外の連携 ○自己啓発	○業務に必要な知識・技術 ○指導力 ○改善提案力 ○業務推進力
管理職層	課　長	○事業計画の達成度 ○人材の育成	○部署運営 ○目標の推進 ○経営意識 ○部署内外の連携 ○自己啓発	○業務に必要な知識・技術 ○企画立案力 ○課題解決力 ○交渉力
	副施設長 部　長	○事業計画の達成度 ○人材の育成と人事管理	○上長補佐 ○組織運営 ○経営意識 ○施設内外連携 ○自己啓発	○経営・運営に必要な知識・技術 ○組織統率力 ○方針策定力 ○交渉力

示です。

③等級別の評価項目の比重

３種類の評価項目は、等級別職階別によって、それぞれの期待値が異なるため、その比重を変動させます。１等級～３等級の職員に期待することは、正しく仕事をする、期日どおりに仕事をするなど、仕事の成果よりも仕事のプロセスがしっかりしていれば、自ずと成果がでる業務が多いため、行動・意欲・情意の評価の比重が高くなります。また、役職位の等級になりますと、施設の事業計画の達成度など成果重視になりますので、成績・業務・成果の評価の比重が高くなります。この比重は、賞与や昇給を決定する際の人事評価総合点数に活用することになります。

（３）何段階の評価にするか（評価段階）

評価段階には、主に３段階～５段階があります。評価段階が少ないと、ほとんどの職員が真ん中の評価段階に集中してしまったり、評価段階を多くすると、各評価段階の差が明確でないと評価しづらくなったり、それぞれのメリット、デメリットがあります。それを踏まえて、評価段階を定めるとよいでしょう。また、評語もアルファベット表記（SABCDなど）、数値表記（12345）、言葉での表記（よくできた、だいたいできた等）がありますので、自施設が最も取り扱いやすい評語とするとよいでしょう。下記に示すのは、評価段階の例示とその特徴です。

（４）いつ評価するか（時期、評価の期間）

評価対象期間は半年間もしくは一年間とします。いずれにしても、賞与や昇給反映等との整合性から決算年度に合わせて、設定したほうがよいでしょう。次に示すのは、半年間で設定した場合の評価対象期間の例示です。

【評価対象期間の例示（３月決算の場合）】

上期	４月１日～９月30日
下期	10月１日～翌年３月31日

（５）結果の処遇反映はどうするか（賞与、昇給、昇格への反映方法）

人事評価の結果を人材育成以外の何に活用するかを決定します。人事評価の結果は、①育成への活用と②処遇への活用の２種類があります。人材育成への活用は、評価者（現場管理職）が職員に人事評価結果をフィードバックし、行動改善・職務改善を促すことです。一方で、処遇への活用は、総額人件費の適正配分の視点から活用されます。

【評語の例示（５段階）】

S：上位の等級・役割に対して、本人の能力で期待以上の結果であった。 A：本人の等級・役割に対して、期待以上の結果、行動であった。 B：本人の等級・役割に対して、期待どおりの結果、行動であった。 C：本人の等級・役割に対して、期待を下回る結果、行動がみられた。 D：下位の等級・役割でも、期待どおりの結果、行動がみられなかった。
S：期待水準を大きく上回る遂行度であり、その期待水準が上位等級に相当するものであった。 A：ミスや問題点がなく、期待水準を上回る遂行度であった。 B：期待水準通りの遂行度であった。 C：ミスや問題点があり、期待水準以下の遂行度であったが、かろうじて業務は遂行された。 D：支障をきたすなど、期待水準を大きく下回る遂行度であった。
S：上位の立場の着眼点のことが確実にできている。 A：着眼点のことが確実にできている。 B：着眼点のことが概ねできている。 C：着眼点のことができていないことがたびたびある。 D：下位の立場の着眼点のこともできていないことが多い。

【処遇反映の例示】

賞与	夏期賞与（６月支給） ⇒下期の評価（前年10月１日～当年３月31日）を反映 冬期賞与（12月支給） ⇒上期の評価（当年４月１日～９月30日）を反映
昇給	前年度上期および下期の総合点数の平均値から総合評価を決定し、反映
等級昇格	等級昇格条件に定めるとおりに適用

（6）誰が誰を評価するか（評価者と被評価者の区分）

誰が誰を評価するのかを定め、評価者および被評価者に公開します。原則として、１名の被評価者に対して、複数名の評価者（一次評価者、二次評価者等）を設定します。複数の評価者を設定する理由は、①評価結果の妥当性を確保する、②被評価者の優れている点を複数の目から見ることができる、またそれを活かすことができる、③被評価者に対する評価結果の信頼性を高めるからです。

組織図上、複数の評価者を設定できない場合は、被評価者の仕事を日常から点検できる立場にある者を評価者に設定することです。ただし、その場合は、被評価者に十分に説明の上、評価者として設定しましょう。次に示すのは、評価者・被評価者区分の例示です。

【評価者・被評価者区分の例示】

	一次評価者	二次評価者	調整
一般職員	主任	課長	部長
主任	課長	部長	
課長	部長	副施設長	
部長	副施設長	施設長	幹部運営会議
副施設長	施設長	―	

３．運用のポイント

人事評価は、個人のスキルチェック、業務遂行チェックの人材育成の側面、部署運営のチェックの組織運営の側面の機能があり、キャリアパス運用の原点であるにも関わらず、一方で多くの人から敬遠される制度でもあります。評価する側は「人を人が客観的に評価するなんてできるのか」、評価される側も「上司は、自分の好き嫌いや主観で評価しているのではないか」、「客観的に上司は評価できているのか」など、長年、人事評価を運用している一般企業でさえ、今もなお課題となっているのも事実です。好まれない理由にはいくつかあり、その理由を一つひとつつぶしていくことが、人事評価制度の浸透、活用、運用につながります。

また、制度の浸透を図るためには、施設独自の目的を定めることも大切です。一般的に人事評価は人材育成と組織活性化といわれますが、この２つの目的は言葉こそ立派ですが、非常に抽象的で自施設の職員には伝わりにくい目的です。自施設の人材育成とは、誰をいつまでにどのように育成したいのか、組織活性化とはどんな組織に作り上げたいのか、それが人事評価制度とどのような関係があるのかを施設長自身、管理職自身の言葉で伝えることが運用の最重要ポイントといえるでしょう。

（1）評価制度の仕組みの理解の促進

評価制度は、全職員が取り組む制度であり、評価者のみが努力し定着させるものではありません。職員が自分の成長（キャリア）を考え、努力をし、その努力を仕事に役立て、更に新たな目標を立てたり、自己のモチベーションを向上させたりすることが目的です。そこで、全職員が、評価制度の仕組みを理解し、自分自身が何をすればよいのかを考えられるよう、丁寧な説明および研修会を実施することが必要です。また、説明会や研修会の実施は、制度の透明性を担保することにもつながるため、定期的に実施することが望まれます。

（2）評価結果のフィードバックの徹底

①フィードバック面接（育成面接）の実施

人事評価は、自己評価と他者評価（上司評価）で実施し、双方の評価結果のすり合わせのための面接（フィードバック面接（育成面接））を実施します。フィードバックのない人事評価は、人事評価制度として成立しないと考えたほうがよいでしょう。人事評価とフィードバック面接（育成面接）を併せて実施するのが人事評価制度であるという認識をもつことが大切です。

②フィードバック面接（育成面接）の進め方

フィードバック面接（育成面接）を実施するとき、職員にとって今後のキャリアを考える機会となるような内容で進めることが求められます。そのポイントは、ⅰ）評価結果の開示する、ⅱ）評価結果の根拠の明示・説明し、職員が評価結果を理解、納得する、ⅲ）職員の理解、納得をベースに上司は次の期待値を明示することです。評価結果をより効果的に職員の育成につなげるために次のフィードバック面接の進め方を参考にし、面接前にしっかりと内容を組み立てておくようにしましょう。

【フィードバック面接（育成面接）の進め方】

はじめに

上司との面接は、職員は誰だって緊張するものです。面接を始めるにあたって、世間話をするなど、職員の緊張をほぐしてあげましょう。職員が話しやすい環境づくりに努めます。

成長点

職員の自己評価の説明を踏まえ、評価結果のよかった点について具体的な業務や仕事での態度や意欲を取りあげ、評価結果を説明しましょう。

改善点

評価結果の低い点について具体的な業務や仕事での態度や意欲を取りあげ、評価結果を説明しましょう。また、それだけではなく、なぜうまくいかなかったのか（原因）、改善策を職員自ら考えさせるようにしましょう。職員からその答えが得られない場合は、上司がその解決策を提案するようにします。できるだけ、「職員が自分で解決する」ことを心がけてください。ただし、職員の自己評価の説明と「改善点」で上司が用意した内容が同じ場合は、改めて上司から説明する必要はありません。職員の自覚があるため、それを尊重しましょう。

キャリア育成点

成長点、改善点を踏まえて、伸びた能力と伸ばしてほしい能力、これから職員にどのような仕事をして欲しいのか、次期の目標や期待することなどを伝えます。

また２、３年先を見据えて、職員が当病院でどのような存在になって欲しいか、そのためには何を勉強し、どんな仕事を経験しなければならないかも上司として、また先輩として伝えます。ワークライフバランスの視点からも伝えてみましょう。

終わりに

この面接のまとめをします。上司から「これだけは伝えておきたい」と思うこと（改善点を強調する、次期の目標を強調するなど）を伝えます。また、職員からの質問や意見を受け付け、それに回答し、面接を終了します。

②フィードバック面接を実施する人

フィードバック面接は、原則として一次評価者を面接者としますが、職員の育成および行動・職務改善を促進させるよう二次評価者と十分に面接内容を話し合うようにしましょう。

（例）フィードバック面接 準備シート

年度（上期・下期）	実施予定日：　年　月　日　：　～		
被面接者		面接者	
	具体的な行動や業績	評価の結果	所見・次期課題アドバイス
成長点			
改善点			
キャリア育成点			
・事務連絡			

介護施設のためのキャリアパスのつくり方・動かし方
発行 東社協 東京都高齢者福祉施設協議会 施設管理検討委員会
作成 株式会社フロインド 下田 静香

（3）評価者研修・被評価者研修の実施

①評価者研修

評価制度に関する基本的な基礎知識、評価者の心構え、評価制度運用の目的を理解し、実践に活かすことを目的に実施します。特に、初任評価者は役職者としての役割である人材育成の手段であることをしっかりと認識させることを目的とします。また、現認の評価者も継続して、評価制度に関する疑問や不安を払しょくするため、自施設が抱えている評価制度の課題を取り上げながら、実践的プログラムを企画し、最低年１回の開催等継続的に実施するするとよいでしょう。

○初任評価者研修のプログラム例

・評価制度の目的、自施設の評価制度の目的

　の理解
・評価者に必要な基本的な考え方（評価者の心構え）
・評価のルール
・自施設の評価制度の仕組みの理解
・評価基準の確認
・評価のフィードバック面接のすすめ方（人材育成への活用方法）
・事例検討
○継続研修のテーマ例
・自己評価が高い職員との面接方法
・評価基準のすり合わせ（事例検討）
・行動改善、職務改善を促すための評価結果の活用方法

②被評価者研修

　被評価者（評価される側）が自己評価や他者評価を自分の職務改善、行動改善、さらには自己のキャリア形成にどのように活用するのかを伝える研修です。被評価者が自分自身の仕事への取り組みをどのように考えるかの機会とし、研修会を実施することがより制度定着への道筋となるでしょう。また、被評価者にも評価制度の目的や仕組みを理解してもらうことが、評価者への負担を軽減することにもなりますし、評価制度は、そもそも職員一人ひとりが自分のことを考える制度ですから、それを認識してもらう機会とするとよいでしょう。

○被評価者研修のプログラム例

・人事評価の目的
・自己評価の仕方と仕事への活用
・他者評価の仕事への活用
・面接の受け方

（4）人事評価制度の運用は人事担当者が要

　人事評価制度が継続して運用されるかどうかは、人事担当者の動きにかかっています。人事評価は年間のスケジュールどおりに継続して実施することが制度定着につながります。

　人事担当者が人事評価の年間スケジュールに従い、人事評価表を配布と回収、フィードバック面接実施の促し、評価者研修・被評価者研修の企画などを実践することです。

　次に挙げるのは人事担当者の人事評価制度定着のための役割です。

①評価制度の年間スケジュールの立案と実施
②新規採用者および中途採用者への制度概要の説明
③定期的な制度運用上の課題・問題点の現場ヒアリングと制度改正
④評価者研修および被評価者研修の企画、実施
⑤評価結果の異議申し立て窓口

評価制度に関するQ＆A

Q1 主任と管理者で評価にズレが生じてしまい、適正な評価ができているのか？と疑問に思っています。人が人を評価するということもあり個人的な視点はどうしても入ってきてしまうため、客観的な評価軸で検討できるものを考えたいと思っています。その際どのような評価軸を設定していくべきなのでしょうか？

A1 人事評価とは、一定の評価基準に基づき対象となる職員の仕事への取り組み状況を振り返り、その成果やプロセスを客観的に評価しようとするものです。

評価のズレの原因が、評価者の主観が入っていると捉えられる場合は、評価基準の制度上の問題と上司である評価者の意識レベルの不統一による問題が考えられます。

客観的な評価につなげていくためには、施設が求める“期待する職員像”を曖昧にせず、職員が組織上置かれている立場により、どの段階で、どのような知識、技術、能力を必要とするかを明確にすることです。更に『何が、どのようにできている』のかを判定できるようにする必要があります。例えば、介護業務に求められる評価基準に『入浴介助が適切にできる』というものを評価者が５段階評価『５．十分にできる、４．できる、３．まあまあできる、２．不十分、１．できていない』で評価する場合、判断に迷うのが“適切に”の部分です。適切さを判断するもう一つの具体的な基準が必要になってしまいます。この場合、例えば『利用者の状態に応じた入浴介助ができている』といった具体的な表現にすることで、推測やイメージで判断するのではなく、あくまでも行動事実に基づいた評価になるので客観性、納得性の確保につながります。

また、評価者間でのバラツキをなくし評価の統一性や客観性を高めるためには、評価者の教育訓練と評価者の主観が入らないチェック機能の強化が求められます。評価者の教育訓練は、制度の考え方や内容を頭で理解することに加え、職場でよくある事例を材料に評価者同士でディスカッションをしながら摺り合わせを行い、考え方や見方の統一化を図ります。

評価者間のバラツキを解消する策の一つとして、自施設の評価の問題点が制度にあるのか評価者にあるのか、一度、評価者である役職者と管理者間で意見を交わしてみてはいかがでしょう。そこから問題点の本質や解決策が見えてくるかも知れません。

Q2 個人が持つ魅力や感性などの可視化されにくい部分への評価について、どのように反映すればいいのか悩んでいます。可視化されにくい部分とその他の評価バランスやその個人が持つ性質などを評価に反映させるにはどういった方法が考えられますか？

A2 介護の仕事のようにかたちの残らない対人援助サービスの場合は、人の和を尊び人間関係が良好で真面目な温厚な人柄をよしとしたい、将来への期待度も評価したいという意思がはたらくところですが、そもそも人事評価は万能ではありません。

人事評価で捉えることができるのは、職務遂行に対する発揮能力・顕在能力であり、元々保有している魅力や感性などの部分については、職務の遂行で発揮された顕在能力を通して推定されることになります。人事評価は、その結果から職員個別の適性を把握し能力の開発・人材育成に活かしていくことがひとつの目的となります。

その上で、可視化されにくい部分の評価を行う場合は、人事評価に求められる納得性、公平性、客観性をどのように確保するべきか大きな課題となります。また、評価者による個人の価値観の違いや勘、裁量が大きく関わることも予想され、評価が明確にならない可能性もあり、一般的にこうした評価は不向きであるとされます。

まずは、人事評価で扱う範囲を明確にし、何を基準として何を評価するのか、いま一度、見つめ直し整理してみましょう。

しかしながら、自施設の評価で何を重視していくのか、人事評価が施設の思いの実現を目指す仕組みになるわけですから、オリジナル性を追求し職員も組織も成長し続けられる人事評課を目指していくことも重要です。

Q1　日々の業務に追われる中で面接時間を確保し、効果的・効率的な実施をするにはどのような方法があるのでしょうか？　また、有効なツールなどはどんなものが活用できるのでしょうか？

A1　面接を行う目的は様々ですが、目標管理などの人事管理制度における面接では、個々の職員の目標設定、進捗管理、達成度の確認や評価、次の目標設定への準備を行うことが主たる目的となります。

目標管理制度においては、職員自らが日常業務を日々振り返りつつ自立していくプロセス、つまり、上司の管理によって目標が達成させられるのではなく、自分自身で目標を管理する（PDCAサイクルを回す）ことが重要視されます。この目標管理を進める上で最も重要とされるのが面接、つまり上司と部下とのコミュニケーションの場となります。

本来であれば、法人や施設の事業目標を個々の職員へ落とし込むとともに、人材育成を図る上で十分な時間をかけて行いたいところですが、多様な勤務形態や人材不足が深刻な中、なかなか職員と向かい合う時間を捻出するのも難しい現状があります。だからといって、安易な面接時間の短縮もコミュニケーションの欠落や合意形成の失敗などの問題を生じかねません。

では、忙しい業務の合間に効果的かつ効率的に面接を行うためにはどのようにすればよいのでしょうか。面接というもののとらえ方を変えてみてはどうでしょうか。

まず、面接者も被面接者も面接のもつ意義を理解していることが必要不可欠です。「忙しいのに面倒だ」という感覚ではなく、個々の職員における目標の達成度合が自己実現の満足度や業務自体の効率化につながり、ひいては法人や施設の目的の実現、良質な事業運営の遂行へとつながっていくということを、日頃から全職員にしっかりと理解させていくことが重要です。

次に、被面接者が面接内容のポイントについて理解していることが必要です。例えば、目標設定面接の場合、あらかじめ職員に対して法人や施設の理念や方針、経営目標、自部署の目標、自身の役割や目標到達基準などが明示され、理解されていれば面接における合意形成や納得感も得やすくなります。

また、職場における日常的なホウレンソウ（報告・連絡・相談）がスムーズに行われ、その都度問題解決が図られていることも大切な要件となります。これにより日常的に目標達成の阻害要因が取り除かれていれば、面接時には確認を主とすることができるでしょうし、達成度の確認や評価に関する面接においても、認識のズレが生じていなければ、同じように確認程度で済ませることができます。

ツールについても事前準備が重要になってきます。職務活動の中で特筆すべき行動や相談、助言指導、賞賛など、評価対象事実として記録の必要がある場合にその内容を明確に記載しておくことによって、面接時の評価の客観性に役立てているそうです。さらに、面談の目的や要点をまとめ、被面接者にどのような気付きを与えるのかをメモした面談メモのようなものをあらかじめ準備しておくことも有効でしょう。

いずれにせよ、面接はそれ自体が目的ではありません。面接以前のコミュニケーションの充実を図ること、つまり日頃からの良好な関係性によって、個々の職員の「自分を見ていてくれる人がいる」という安心感や自らの目標の達成感、仕事に対する充実感、仕事に対するやりがいを生み出し、モチベーションの向上へとつなげていく中での確認の機会として活用していきたいものです。

【参考文献】

「長野市における公務員制度改革の取組について」人事評価マニュアル（第３次改定版）
https://www.city.nagano.nagano.jp/soshiki/shokuin/3481.html 平成27年６月28日閲覧

（例）
社会福祉法人〇〇会
人事評価制度に関する規程

（総則）
第１条　この規程は、社会福祉法人〇〇会（以下、「当法人」という。）の人事評価制度に関する具体的な取り扱いについて定めたものである。

（目的）
第２条　人事評価制度は、職員の能力、成果、意欲を正しく評価することにより、異動、配置、昇格、昇給、賞与及び教育訓練に積極的に活用を図ることによって、職員各人の能力及び資質と士気の向上に努め、もって人事上の処遇に適正に反映させることを目的とする。

（適用範囲）
第３条　この規程は、就業規則第〇条第〇項に定められている職員に適用する。

（評価の構成）
第４条　人事評価は、業務に関する評価（成績評価）、意欲や態度に関する評価（情意評価）の評価および能力に関する評価（能力評価）の３つから構成する。
一　業務に関する評価（成績評価）
職員が割り当てられた職務や役割、目標の達成度について、どの程度遂行したかを評価する。
二　意欲や態度に関する評価（情意評価）
職員が職務を行うにあたって示した執務態度や意欲を評価する。
三　能力に関する評価（能力評価）
職員が職務を遂行する上での知識、技術、技能の保有度を評価する。

（評価者）
第５条　評価者の区分は，第１次評価者および第２次評価者とし，その職務を行う職員は、別表１のとおりとする。
２　第２次評価者が評価を行うにあたっては、第１次評価者の評価を尊重しなければならない。第２次評価者が第１次評価者の評価結果を検討し不適当と認めたときは第１次評価者の意見を聞いた上で是正することができる。ただし、本条文を濫用してはならない。
３　評価者が欠けたときは、人事担当責任者が部署長と調整の上、候補者を経営会議に推薦し、承認を得た上で別の職員を評価者とすることができる。

（評価者の姿勢）
第６条　人事評価を公正かつ妥当に行うために、評価者は次の各号を遵守しなければならない。

一　評価は各評価表に明記された職位段階の着眼点を基準として行うこと。

二　日常業務の観察と指導によって得た具体的事実に基づき、自ら確認し公正に評価すること。

三　被評価者に対する好意及び同情、偏見に左右されることなく、また上司に対する妥協、部下への思惑を排除して評価すること。

四　評価対象期間外及び職務外の事実や行動にとらわれて評価しないこと。

五　評価者は、自己の下した評価に基づいて、面接を通じて被評価者の職務態度の改善および能力の開発のための教育、支援すること。

（評価の調整）

第７条　人事担当責任者は、組織内全体で評価の調整が必要であると認めたときは、組織内の評価の調整することがある。ただし、調整の最終決定は施設長が行うものとする。

（被評価者）

第８条　被評価者は、次の各号に該当するものを除くすべての職員とする。

一　評価対象期間の２分の１以上欠勤したもの

二　休職者（育児休業含む）

（評価結果の活用）

第９条　評価の結果は、教育訓練、異動・適正配置及び昇給、賞与の決定資料として活用する。

（評価対象期間）

第10条　評価対象期間は、目的に応じて次のとおりとする。

一　昇給評価

前年４月１日から当年３月31日までの１年間

二　賞与評価

①夏期賞与　前年10月１日から当年３月31日までの６カ月間

②冬期賞与　当年４月１日から当年９月30日までの６カ月間

（評価対象期間中の異動）

第11条　評価対象期間中に異動があった場合、原則として評価対象期間の末日の所属で評価を行う。ただし、この場合、異動前の評価者と事前に協議しなければならない。

（評価表の様式）

第12条　人事評価表の様式は、様式○○のとおりとする。

（評価結果の内示）

第13条　本人の評価結果については、部署長を通じて本人に内示するものとする。

（評価表の取り扱い）

第14条　評価表の本紙は人事担当責任者、写しは各部門長が保管する。

　　2　評価表本紙の保管期間は、作成の日から３ヶ年とする。

（改廃）

第15条　この規程の改廃は、理事会の議決により行うものとする。

附則

（本規則の実施日）

第１条　この規程は、平成○○年○○月○○日より実施する。

【別表】評価者・被評価者区分

	一次評価者	二次評価者	調整
一般職員	係長	課長	副施設長
係長	課長	副施設長	施設長
課長	副施設長	施設長	施設長
副施設長	施設長	—	—

(例) フィードバック面接　準備シート

<table>
<tr><td colspan="3">年度(上期・下期)</td><td colspan="2">実施予定日:　　年　　月　　日　:　　～</td></tr>
<tr><td>被面接者</td><td colspan="2"></td><td>面接者</td><td></td></tr>
<tr><td colspan="2">具体的な行動や業績</td><td>評価の結果</td><td colspan="2">所見・次期課題アドバイス</td></tr>
<tr><td>成長点</td><td></td><td></td><td colspan="2"></td></tr>
<tr><td>改善点</td><td></td><td></td><td colspan="2"></td></tr>
<tr><td>キャリア育成点</td><td colspan="4"></td></tr>
<tr><td colspan="5">・事務連絡</td></tr>
</table>

介護施設のためのキャリアパスのつくり方・動かし方
発行　東社協　東京都高齢者福祉施設協議会　施設管理検討委員会
作成　株式会社フロインド　下田 静香

（例）人事評価表【部長用】

年　度	職員番号：	氏　　名：	入職年月日：

	着　眼　点	自己評価（上期）					自己評価（下期）				
		S	A	B	C	D	S	A	B	C	D
上長補佐	【法人・施設の方針の意見具申】 方針・方向性の決定や推進について、法人・施設の将来を考えた意見・提案をしていたか。										
	【タイムリーな情報の収集と提供】 法人・施設の目標達成に必要な情報や資料を内外からタイムリーに収集し、適宜上長および関係者に配布していた。										
組織運営	【法人・施設目標（事業計画）の立案と推進】 各部門と調整の上、部門内スタッフ（各所属長）と協力しながら部門目標およびその計画を立案、計画的に推進していたか。										
	【連絡調整】部門内業務が円滑に推進されるよう各所属長と連絡調整しながら、的確に（タイムリーに）指示を出していたか。										
経営意識	【経営指標の把握と指示】 法人・施設運営に関連する主要な経営指標および目標数値、達成状況を把握し、各部署に方向性を説明・指示していたか										
	【収支の理解と具体策の実践】 法人・施設全体の収支状況を把握、理解し、自部門の収支貢献に関する提案、実践していたか。										
人材の育成と人事管理	【中長期的育成】 自部門に必要な人材モデルを示し、それに合わせた人材育成計画を立案、実践して（させて）いたか。										
	【適正人員の把握と対策】 入退職の現状を把握し、法人・施設運営に必要な適正人員配置になるよう対策を講じていたか。（離職防止策など）										
内外連携	【意思決定】 内外の関係機関との協議ができ、法人・施設方針に基づいた意思決定ができていたか。										
	【部署間連携協力】 他部門・他職種からの意見・提案に対し、法人・施設運営の最良の方向を考え、意見提案・協力・連絡調整をしていたか。										
自己啓発	【専門知識・技術の活用】 専門職としての知識や技術を習得し、スタッフの育成に活用できていたか。										
	【マネジメント知識の習得】 法人・施設経営に必要な知識を習得し、活用できていたか。										

（一次評価者：　　　　　　　　　　）

（二次評価者：　　　　　　　　　　）

介護施設のためのキャリアパスのつくり方・動かし方
発行 東社協 東京都高齢者福祉施設協議会 施設管理検討委員会
作成 株式会社フロインド 下田 静香

（例）人事評価表【課長用】

年　度	職員番号：	氏　　名：	入社年月日：

	着　眼　点	自己評価（上期）					自己評価（下期）				
		S	A	B	C	D	S	A	B	C	D
部署運営	【病院・施設方針・部署目標の周知】 法人・施設および部署の方針や目標を部署内メンバーが理解できるように伝えていたか。										
	【人員配置と業務推進】 適切な人員配置ができており、部署内の業務が常に円滑に進められていたか。										
目標の推進	【課題発見と解決策の提案】 法人・施設目標達成に向けての課題の発見およびその解決策を提案していたか。										
	【部署目標の実践】 部署目標達成の具体的行動計画に沿って、部署内メンバーの役割に応じた業務の指示ができていたか。										
経営意識	【経営指標の意識】 自部署に関連する経営指標および目標数値、達成状況を把握し、部署ミーティング等で定期的にスタッフに方向性を説明していたか。										
	【収支の理解と具体策の実践】 法人・施設全体の収支状況を把握、理解し、自部署が貢献できるコスト削減を提案、実践していたか。										
人材の育成	【計画的な育成】 部署内スタッフの個々の能力に合わせた年間育成計画を立案し、実践できていたか。（主任と相談しながら）										
	【個人目標達成のサポート】 役割に応じた目標を設定させ、達成できるよう適切な指導・サポートができていたか。										
部署内外連携	【外部（利用者や家族、外部関連機関等）との折衝】 相手の要望に応えつつ、当方の規程・規則に則して意見・要望を述べ、相手を説得させていたか。										
	【部署間連携協力】 各部署からの意見・提案に対し、法人・施設運営の最良の方向を考え、意見提案・協力をしていたか。										
自己啓発	【専門知識・技術の活用】 専門職としての知識や技術を習得し、スタッフの育成に活用できていたか。										
	【マネジメント知識の習得】 部署運営に必要な知識を習得し、活用できていたか。										

（一次評価者：　　　　　　　　）

（二次評価者：　　　　　　　　）

介護施設のためのキャリアパスのつくり方・動かし方
発行 東社協 東京都高齢者福祉施設協議会 施設管理検討委員会
作成 株式会社フロインド 下田 静香

（例）人事評価表【主任用】

年　度	職員番号：	氏　　名：	入職年月日：

	着　眼　点	自己評価（上期）					自己評価（下期）				
		S	A	B	C	D	S	A	B	C	D
チーム運営	【病院・施設方針・部署目標の浸透】 法人・施設および部署の方針や目標を理解し、日常業務を通じてスタッフに伝えていたか。										
	【業務の推進】 所管するチームの業務遂行状況を把握し、スタッフに的確に業務分担、指示ができていたか。										
目標の推進	【部署目標の実践】 部署目標達成の具体的行動計画に沿って、前向きに実践していたか。										
	【意見具申・提案】 部署目標達成のための具体的解決策などの意見・提案をしていたか。										
コスト意識	【コストへの関心】 所属内もしくはチーム内におけるコストを把握し、スタッフに伝えていたか。										
	【コスト削減の実践】 コストを削減するための具体的な策を講じていたか。										
人材の育成	【業務の指導】 評価結果や面接を活用し、日常的に丁寧に業務指導・サポートをしていたか。										
	【勤怠管理】 スタッフの勤怠状況を把握し、必要に応じて指導していたか。										
部署内外連携	【情報の共有】 自分の知りえた情報を部署内外の関係者に確実に伝えていたか。										
	【連携協力】 部署内および他部署の業務に率先して協力していたか。										
自己啓発	【専門知識・技術の活用】 専門職としての知識や技術を習得し、業務に活用できていたか。										
	【マネジメント知識の習得】 チーム運営に必要な知識を自ら習得していたか。										

（一次評価者：　　　　　　　　　　　）

（二次評価者：　　　　　　　　　　　）

介護施設のためのキャリアパスのつくり方・動かし方
発行 東社協 東京都高齢者福祉施設協議会 施設管理検討委員会
作成 株式会社フロインド 下田 静香

（例）人事評価表【一般４等級以上】

年　度	職員番号：	氏　　名：	入職年月日：

	着　眼　点	自己評価（上期）					自己評価（下期）				
		S	A	B	C	D	S	A	B	C	D
業務の推進	【業務の質】 担当業務および部署内の関連業務について、遂行できていたか。										
	【期　限】 期日を遵守し、担当する業務を終わらせていたか。										
	【段取り】 効率を考えた業務スケジュールを立てて、遂行できていたか。										
業務に必要な能力	【知識・技術】 担当する業務の遂行に必要な専門的知識・技術を有していたか。										
	【判断力】 業務の状況に応じて、臨機応変に判断ができていたか。										
	【下級者の指導】 下級者の業務の状況に応じて、必要なときに的確なアドバイスができていたか。										
組織規律	【方　針】 法人･施設の理念、方針を正しく理解し、それに沿った業務を推進していたか。										
	【最適な行動】 法人・施設全体の利益を生み出すための行動をしていたか。										
	【コスト削減】 担当および部署内業務のコストを把握し、コストの削減に取り組んでいたか。										
	【コンプライアンス】 業務上必要な法令や倫理基準を理解し、守っていたか。										
責任性	【仕事の責任】 自分の担当領域を理解し、適した判断の上、業務を遂行していたか。										
	【情報管理】 業務に関連する情報を収集し、関連部署に適宜提供していたか。										
	【リスク管理】 リスクを予見し、適切な防止策を提案（申し出）していたか。										
	【自　覚】 自己都合を優先し、業務に支障をきたすことはなかったか。										
積極性	【業務改善】 業務改善に取り組んでいたか。										
	【提　案】 会議・ミーティング等で進んで意見を述べていたか。										
	【チャレンジ】 進んで業務の拡大に努めていたか。										
	【自己学習】 必要な知識・技術の習得のために行動を起こしたか。										
協調性	【協　力】 部署の一員として、部署内業務に協力していたか。										
	【連　携】 他施設･他部門の立場および地域の要望を理解し、協力的に行動していたか。										
	【組織参画】 部署目標の達成に向けて、自ら前向きに取り組んでいたか。										
	【コミュニケーション】 良好な人間関係を保つために、相手の立場を考えた言動であったか。										

（一次評価者：　　　　　　　　　）

（二次評価者：　　　　　　　　　）

介護施設のためのキャリアパスのつくり方・動かし方
発行 東社協 東京都高齢者福祉施設協議会 施設管理検討委員会
作成 株式会社フロインド 下田 静香

（例）人事評価表【一般１～３等級用】

年　度	職員番号：	氏　　名：	入職年月日：

	着　眼　点	自己評価（上期）					自己評価（下期）				
		S	A	B	C	D	S	A	B	C	D
業務の推進	【手　順】 スコアシートに沿って、定められた手順に従って、業務を遂行していたか。										
	【期　限】 期日を遵守し、担当する業務を終わらせていたか。										
	【効　率】 効率（時間、コスト、手順など）を考え、業務を遂行していたか。										
業務に必要な能力	【知識・技術】 担当する業務の遂行に必要な知識・技術を有していたか。										
	【表現・伝達】 相手に対してわかりやすい言葉で正確に説明できていたか。										
	【業務の理解】 上司からの指示に対して、確認をとりながら単独で業務を実践できていたか。										
規律性	【マナー】 あいさつ、服装・頭髪・態度・言葉遣いは良かったか。										
	【規　則】 就業規則他、法人・施設内で定めた決まりを守っていたか。										
	【報告・連絡・相談】 日常業務での報告、連絡、相談をタイミングよく実行していたか。										
	【守秘義務】 業務上知りえた情報を漏らすことはなかったか。										
責任性	【仕事の責任】 担当業務他与えられた仕事をほぼ完遂していたか。										
	【確実性】 自ら確認し、上司や先輩のサポートを受けながらミスが発生しないよう努めていたか。										
	【伝達・情報共有】 業務上必要な情報を部署内外に正確に伝えていたか。										
	【自　覚】 自己都合を優先し、業務に支障をきたすことはなかったか。										
積極性	【仕事の受け入れ】 どんな仕事でも嫌な顔や態度をせず、引き受けていたか。										
	【業務改善】 小さなことでも上司に進言し、業務改善に取り組んでいたか。										
	【意　欲】 進んで自分の業務範囲の拡大に努めていたか。										
	【自己学習】 必要な知識・技術の習得のために行動を起こしたか。										
協調性	【協　力】 部署の一員として、部署内業務に協力していたか。										
	【連　携】 他職種・他部門の立場を理解し、協力して物事を進めていたか。										
	【組織参画】 部署目標の達成に向けて、協力して取り組んでいたか。										
	【コミュニケーション】 良好な人間関係を保つため、相手の立場を考えた言動であったか。										

（一次評価者：　　　　　　　　　）

（二次評価者：　　　　　　　　　）

介護施設のためのキャリアパスのつくり方・動かし方
発行　東社協　東京都高齢者福祉施設協議会　施設管理検討委員会
作成　株式会社フロインド　下田　静香

Ⅲ 基本設計と運用③ ～教育研修（能力開発）制度～

1．教育研修(能力開発)制度の概要

キャリアパスの目的は、段階的に教育できる仕組みを作り、中長期的な介護現場の職員を育成し、施設が質の高いサービス提供ができ、安定的永続的な運営ができることです。そのためには、計画的に教育研修を実施する仕組みを整備しておく必要があります。仕組みとは、職員一人ひとりが考えるライフサイクルとキャリア形成実現のために、施設の多様な教育研修から選択できるような仕組みのことです。各職員の現有能力に応じて、期待する役割に応じて、これから仕事に必要であろうスキルを習得するため、または現在不足している、必要としているスキルを補うために行う研修です。

2．教育研修(能力開発)制度の設計

【教育研修（能力開発）制度に使うキーワード】

（1）OJT研修（職場内研修）

日々の仕事を通じて行う教育訓練です。習得してほしい仕事を題材にして教える研修ですので、実践型研修といえるでしょう。特徴は、教えたい仕事、それに必要な知識や技術の習得状況を確認しながら進めることができます。また、「教わる⇒覚える⇒実践できる」が可能ですので、即実践につながります。一方で、業務直結型ですので、作業手順を覚えることに力が注がれるとその仕事のベースとなる知識・技術の基本的習得がおろそかになってしまうこともありますので、手順の習得ではなく、手順とそれに基づく知識・技術の習得であることを教わる側に伝えておくことがポイントです。

（2）OffJ-T研修（職場外研修）

職場を離れて行う教育訓練です。施設内の場合、集合研修（勉強会や研修会）がそれにあたります。施設外ですと、外部のセミナーや講座に参加することです。特徴は、正しい知識、最新の情報を習得することに有効です。職場を離れて臨みますので、職場で起こったことを研修に照らし合わせ、振り返りながら習得することも可能です。さらに、職場内で教育ができないことをそれに置き換えることもできます。例えば、新任の管理職対象の研修は施設内ですので対象人数が少ないため、施設内での実施が難しい場合など、外部の研修でそれを補完することができます。一方で、OffJ-Tで習得したことが現場で活かされていないという現状も否めません。習得したことを現場で使えるとしたら、どの業務に使えるか、どのような場面で使えるかなど研修内容とのつなぎ合わせがOffJ-Tの課題といえるでしょう。

（3）自己啓発（自己学習・SD：Self Development）

仕事に必要なことを自分の時間、自己負担で習得することを自己啓発（自己学習・SD）といいます。自己啓発（自己学習・SD）は、主体は職員自身ですので、施設側から強制するものではありませんが、自己啓発（自己学習・SD）ができる環境を提供することを施設側から発信することは可能です。特徴は、職員自身が生涯労働に対する準備ができること、選択した自己学習によっては異業種との交流や情報収集ができることです。自己啓発（自己学習・SD）に積極的な職員は仕事に対して前向きであることが多いことから、施設側も積極的に学習費用の一部負担や学習しやすい環境、機会の提供など支援することを検討するとよいでしょう。

【教育研修（能力開発）制度の基本設計】

多くの施設では、施設内研修の実施および施設外研修への参加をしているはずです。よって、教育研修制度の設計では、まずOffJ-T研修の整理し、教育研修の年間計画の立案から始めます。

（1）OffJ-T研修を種類別に区分し、教育研修体系をつくる

①現状もしくは前年度に実施・参加した研修を①職能別研修、②階層別研修、③施設内共通研修の３つで区分します。

ⅰ）職能別研修…施設介護、在宅介護、相談員、ケアマネジャー、機能訓練など各職種の知識や技術を習得するための教育研修

ⅱ）職階別研修…職種を問わず、新入職員、２年目、３年目、主任レベル、課長レベルなど職階や資格等級を基準にその階層に必要な能力を習得するための教育研修

ⅲ）組織内共通研修…職種、階層を問わず、接遇、リスクマネジメント、個人情報、利用者の権利・人権など全スタッフに必要とされる知識・技術などを習得するための教育研修

②各区分をさらに施設内・施設外で区分する

③各研修の対象者と等級、対応役職を照合する

④等級および対応役職で不足している研修を追加する

次に示すのは、上記①～④を等級、対応役職に照合した教育研修の全体図です。

（2）各研修の目的（ねらい）、習得できる知識・技術を洗い出す

実施する研修の目的（ねらい）、対象者、習得できる知識・技術を洗い出します。知識・技術については、次を参考にして明文化するとよいでしょう。

①職種別等級別の必要な知識・技術

各職種の職能要件書の修得要件（知識・技術）から等級別に抽出する。

②役職別の必要な知識・技術

各役職の職務権限、役職者の役割から役職別に抽出する。

③その他、施設の職員、社会人・組織人として必要な知識・技術

施設の理念、行動指針、介護施設の職員の基本が書かれているものから抽出する。

（3）年間計画の立案

教育研修体系の全体図ができたら、研修ごとに実施頻度を決定します。施設運営上毎年実施しなければならない研修、任意実施の研修等も含めて、年間計画を立案します。次に示すのは、教育研修体系の全体図から当年度実施する研修計画の例示です。各研修のテーマは、自施設で発生している課題を取り上げるとより職員の参加意欲、受講意欲が高まるでしょう。

３．運用のポイント

（1）施設内研修アンケート調査の実施

施設内アンケートは、毎回、研修の満足度、習得度を確認するアンケートを実施するとよいでしょう。職員にとって研修は、多少の苦痛を伴います。じっと座って聞いていなければならない研修ですと、その満足度は研修内容だけではなく、研修場所、研修時間にも及びます。できるだけ多くの職員があらゆる視点で満足をするよう、研修担当者は職員の声をきく仕組みも同時に進めるようにしましょう。

（2）施設外研修の習得度合の確認

施設外研修の多くは伝達研修というかたちで

施設内で行われます。その実施方法は、受講してきた職員とそれを聞く職員の両方にメリットがなければ実施する意味がありません。受講してきた職員には、例えば受講資料をそのまま使わせて伝達研修を行うのではなく、より効果を高めるためには、自分で資料を作り変えて研修させるなどして、習得度合を高めることを工夫するとよいでしょう。また、研修報告書（研修レポート）の書かせ方にも工夫を加えるとよいでしょう。受講した職員が①何を学び、②何を習得し、③自分のどの業務にどのように活かしたいのかを書かせることにより、研修報告書を記載しながら研修内容を振り返ることができるような報告書フォーマットがよいでしょう。

（3）自己啓発（自己学習・SD）の支援

施設が定める研修を受講するだけではなく、自分の時間を使ってさらに学習したい職員に対して、自己啓発（自己学習）の支援の仕組みも検討します。組織で必要とされる能力を自ら習得しようとする職員に対して、次のような支援する仕組みも職員の学習意欲を促進させます。キャリアパスは、個人の専門スキルを伸ばし、介護現場の質の向上を高めることも重要なことです。よって、自ら学ぶことを望むのであれば、その支援を仕組化し、学習の支援を提示することは職員にとっては大きなメリットとなります。

支援の方法には①時間的支援、②金銭的支援の２種類があります。

①時間的支援・・・学校に通うなどのために、短時間正社員制度などを適用させる。

②金銭的支援・・・自己学習のための学費、資格取得のための受験料、図書などを助成する。

教育研修（能力開発）制度に関するQ＆A

Q1 日々の業務を行う中、施設内での研修を実施していますが正直負担が大きくなってしまっています。どうすれば実施負担も少なく効果的な研修時間を確保することができるのでしょうか？何か良い方法がありましたら教えて下さい。

A1 現在、どこの施設でも介護・看護職の人員確保が難しい現状で、通常の勤務スケジュールを組むことさえ困難な状況にあることに加え、施設内で研修を実施しようとすると、かなりの負担が職員及び施設にかかっているといっても過言ではないでしょう。

しかし、施設として継続的に介護サービスの質を維持・向上させていくためには外部の研修だけに頼るのではなく、施設が抱えている課題に則した案件をテーマとした施設内研修を定期的に実施していく必要があり、職員に対しては日頃から知識や技術の向上の必要性と、その意義を十分に説明しておく必要があると思います。

そのためにはまず、現場からのニーズを踏まえた上で、自施設に必要な研修内容が何なのかを考え選定し、職階別・役職別・専門性のある職種別に年間研修予定を作成することから始めると良いでしょう（P46、47を参照）。自分達の抱えている課題をテーマにすることで、学びたいという意欲を増進させる事ができるからです。

次に誰がどの研修内容に興味を持っているか、どの職員にどの研修を受けさせたいかを上司と職員とで良く意見交換をした後に、それらを反映させた勤務スケジュールを作成していきます。

研修日程や勤務スケジュールを作成するときの工夫としては、全体会議や委員会などの職員が多く集まる日に設定することや、開催日を2～3日間設定することで、より多くの職員が研修に参加できる機会を増やすことが可能になります。

それでも研修への参加人数のばらつきや、個人の参加回数に偏りが出てきてしまうことがあると予想されますが、例え回数はある程度に限られたとしても、自施設にとって、いかに有意義な研修を実施できたかに注目をする必要があります。上司からの命令で渋々研修に参加するような状態では、何回研修を実施しても実にはならず、むしろ研修内容もパターン化してしまっては研修をする事自体が無意味となってしまうからです。

職員達が研修を受けることで知識や技術の向上が図れたと実感し、それに喜びを感じられる風土作りをしていくことが最も重要といえるでしょう。

そのためには、施設の管理者が理念に沿った具体的な施設方針を明確に打ち出し、職員に対してのニーズが共通認識をされ自分達の目指す介護の実現に向けて、より具体的な目標を持ち、常に知識や技術の向上を意識しながら働ける環境づくりをしていくことが大切になるでしょう。

平成●●年度　職員研修計画

研修項目	対象者	主要な教育テーマ	備考
新人研修（Ⅰ）	新採用職員	法人理念・施設理念の理解、福祉従事者としての基本理念を学ぶ。	
業務マニュアル／基本的介護技術		介護業務の手順・流れを知る。基本的な介護技術・知識を習得する。	
新任職員研修（東京都社協・●市社協）	新採用職員	社会人・組織人としての自覚を養う。基本的な制度・サービスを理解する。	
新人研修（Ⅱ）	新採用職員	施設での仕事の仕方を学ぶ。初期の不安や悩みをフォローする。専門性の基礎を学ぶ。	
業務マニュアル／日常生活援助の習得		ニーズを的確に捉えた日常生活援助を習得する。	
新人研修（Ⅲ）	新採用職員	半年を振り返り、新人職員としての基本的理解・習得状況の確認・フォローをする。	
個別目標の設定（Ⅰ）		計画的・効率的に個別の能力開発を行うために、半年間の目標設定を行う。	
現任研修		実践的な介護技術・知識を習得し、専門性を高める。	
個別目標の設定（Ⅱ）		達成度合いを評価・分析し、今後の進め方・問題点等を把握する。	
事例検討研修		ケアプランの意義を理解し、個々の事例を通し、専門職として福祉サービスの実践の基本原則・援助技術の活用ができる。	
事故発生防止研修	全職員	施設内外の事故事例から、職員の安全配慮義務について考える。危険予測能力を身に付ける。	
事故発生・非常災害時研修	全職員	火災等による非常時の対応（避難誘導・通報等）の技術を身に付ける。	
誤嚥緊急、誤嚥性肺炎研修	ケアワーカー全員	医師を講師として、摂食・嚥下障害について。「誤嚥とは？」またそれに伴う肺炎について学ぶ。	
感染症研修	全職員	ノロウィルスについての予防と対策。他、食中毒関係情報について。	
認知症研修	ケアワーカー全員	認知症の理解と行動障害に対しての援助方法を学ぶ。	
栄養について	ケアワーカー全員	栄養ケアマネジメントにおける多職種協働を理解する。とろみ剤の安全な使い方を習得する。	
動作介助研修	ケアワーカー全員	利用者と介護職員にとって、より安全・安楽なトランスファー技術を習得する。	
個人情報研修	全職員	個人情報保護の意味と目的を理解し、適切に管理する能力を身に付ける。	
介護記録研修	ケアワーカー全員	記録の意義と目的を理解する。記録のポイント・要点・問題点の抽出方法を習得する。	
介護保険制度研修・PC研修	中堅職員	職員全体が介護保険制度についての知識を深める。	
特養における機能訓練指導員の役割についての研修	ケアワーカー全員	生活の場である特養において、機能訓練指導員の役割とその業務は何かをケアワーカーに知ってもらう。	

平成●●年度　職員研修計画

研修項目	対象者	3月	4月	5月	6月	7月	8月	9月	10月	11月	12月	1月	2月	備考
新人研修（Ⅰ）	新採用職員	↔												
業務マニュアル／基本的介護技術				↔										
新任職員研修（東京都社協・●市社協）	新採用職員			↔										
新人研修（Ⅱ）	新採用職員							↔						
業務マニュアル／日常生活援助の習得										↔				
新人研修（Ⅲ）	新採用職員												↔	
個別目標の設定（Ⅰ）				↔										
現任研修								↔						
個別目標の設定（Ⅱ）										↔				
事例検討研修		↔	↔	↔	↔	↔	↔	↔	↔	↔	↔	↔	↔	
事故発生防止研修	全職員				↔						↔			
事故発生・非常災害時研修	全職員					↔						↔		
誤嚥緊急、誤嚥性肺炎研修	ケアワーカー全員				↔				↔					
感染症研修	全職員					↔				↔				
認知症研修	ケアワーカー全員	↔	↔	↔	↔	↔	↔	↔	↔	↔	↔	↔	↔	
栄養について	ケアワーカー全員				↔									
動作介助研修	ケアワーカー全員	月２回 ↔	↔	↔	↔	↔	↔	↔	↔	↔	↔	↔	↔	
個人情報研修	全職員				２回 ↔									
介護記録研修	ケアワーカー全員								10回 ↔					
介護保険制度研修・PC研修	中堅職員				↔				↔					
特養における機能訓練指導員の役割についての研修	ケアワーカー全員				↔									

Ⅳ 基本設計と運用④ 〜賃金制度〜

1．概要

賃金設計・改定は、等級別の年収および生涯賃金を念頭におき、基本給設計、諸手当の見直し、賞与制度の3つの視点から検討します。ただし、賃金制度は人事制度の中でも最も職員の関心の高い制度であり、各職員に支給している賃金すべてについて、確実に説明できる根拠が必要となる。基本給の決め方（何をすればいくら昇給するのか）、手当の支給条件（支給理由と金額の妥当性）、賞与の決め方等、職員が納得できる根拠を文書化、図表化し整備することが運用のポイントです。

また、賃金設計・改定には賃金規程（給与規程）の改定も伴うため、基本給、諸手当の改定の単なる金額の改定のみの検討ではなく、「何をしてくれた職員にどのような賃金の支払い方をすべきか」という大枠から検討し、職員に開示します。

また、基本給に関しては、周辺の詳細は示さず、賃金表の考え方等の提示のみとし、各法人の地域の労働市場や相場に一任するものとする。

2．賃金制度の基本設計

（1）賃金水準の検討

賃金水準は、職員の生活保障の視点、職員が自施設での働きに見合った賃金であるかの満足度の視点、他施設と自施設の労働条件としての魅力度の視点で検討します。検討するにあたり、相場の検討と労働市場の2点について様々な公開データを活用します。

○賃金相場

・地域相場…周辺地域と自院との賃金比較

⇒ ハローワーク、新聞折り込み求人広告、フリーペーパーなどから情報収集

・業界相場

⇒ 近隣地区、地域の同系列、同等の設立形態の病院との賃金比較

⇒ 人事院、自治体、人的ネットワークなどから公開されている情報から収集

○労働市場

各職種の労働市場（職種と人材の需要と供給）から職種別賃金水準の検討を定期的にするものとする。

（2）賃金体系の検討

キャリアパスでの賃金設計は、等級制度との連動がポイントです。等級が上がる（等級昇格）すると賃金も上がる（昇格昇給）ことにより職員のモチベーションを引き出すことを目的としています。そこで、どのような賃金の上がり方にするのかを検討しますが、賃金体系には、「開差型」、「接続型」、「重複型」の3種類があります。実務運用上、「重複型」が最も活用度が高いといわれています。

「重複型」で設計する場合、次のことに留意して設計するようにしましょう。

○各等級の号俸数を伸ばす場合、等級制度での各等級の標準在級年数を超えた時点から、1号俸あたりの昇給額の減額を検討する。

⇒ キャリアアップ（等級昇格によりスキルアップ）が目的の賃金体系であるため、同一等級に長年留まることを回避するため。

○2つ上の等級の賃金額とは重複しないようにする。

例）1等級の賃金額と同額の賃金額が3等級にないようにする

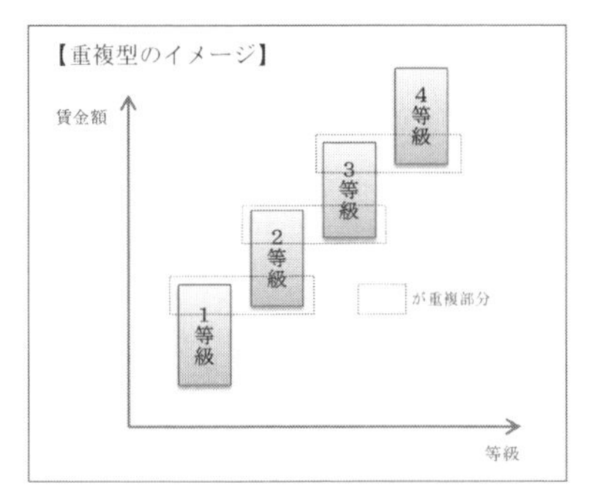

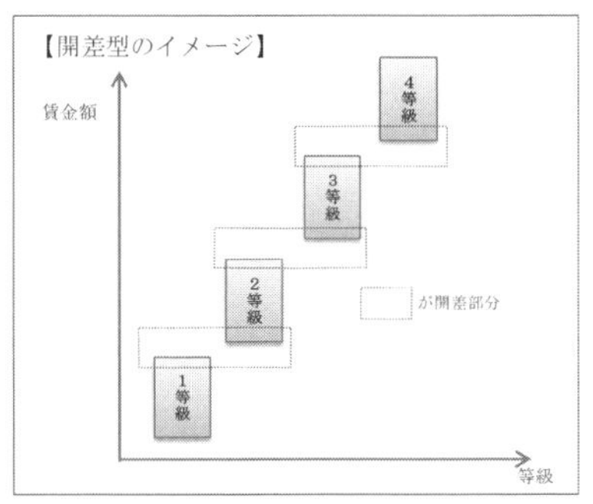

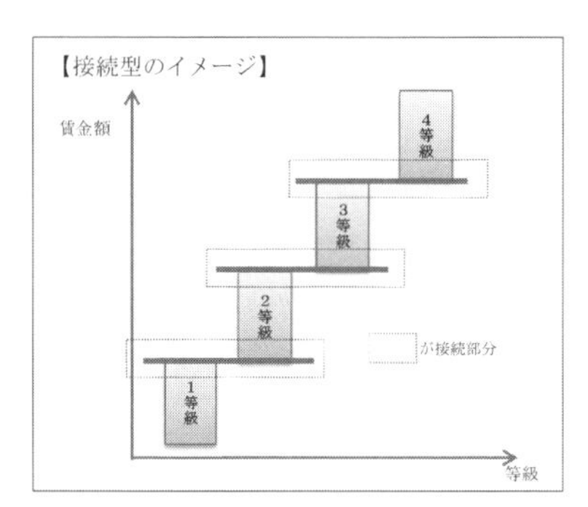

【基本給が上がるイメージ】

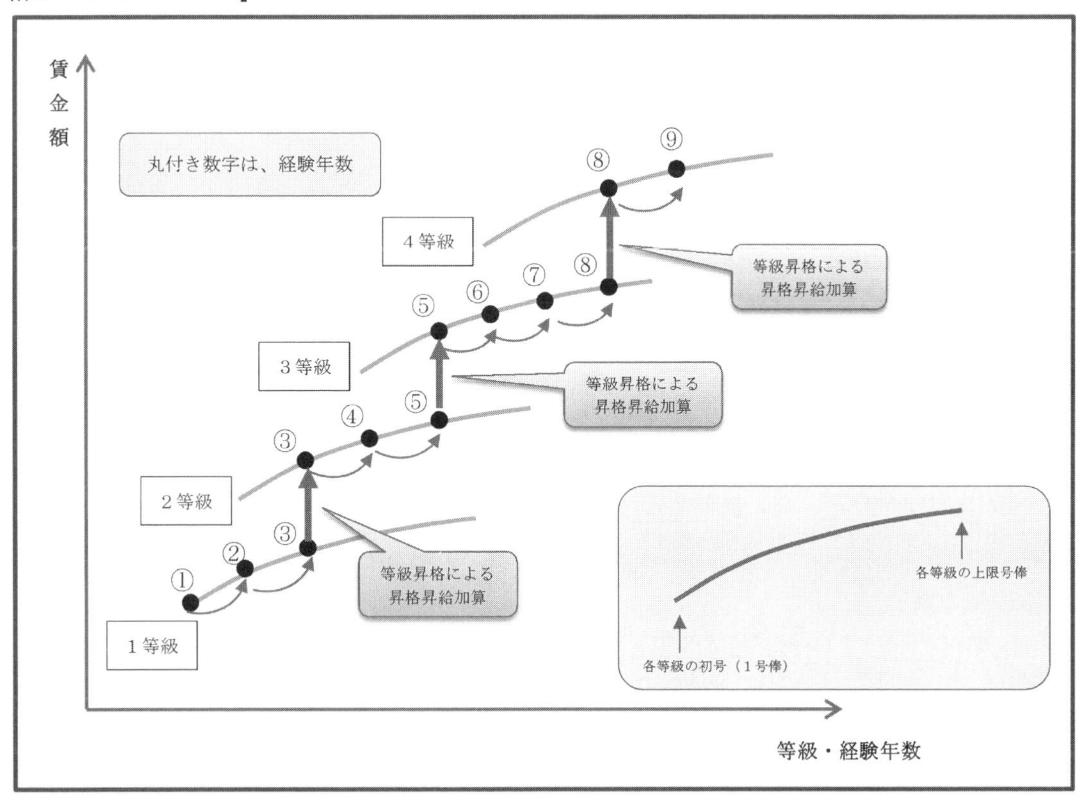

（3）基本給の構成

基本給は、経験部分と職員のスキルアップの２要素で構成します。経験部分は、生活保障の要素を含みます。職員が安心して自施設で働くことができるためには、ある程度の生活保障部分の要素を強めることも設計上の重要なポイントです。中途採用者の経験部分の見方については、社会人としての経験年数によるのか、介護職としての経験年数により決定するのか、施設での換算基準を決めておくようにします。

（4）賃金表(基本給表)の種類と選択ポイント

賃金表のタイプを検討します。賃金表には次の４種類がありますが、人事評価を定期昇給に反映させる場合、その種類は限定されますので、それぞれの特徴を踏まえ、選択します。

ⅰ）号俸表

１年に１段階ずつ誰もが昇給する賃金表のため、評価結果を反映する賃金表ではありません。よって、キャリアパス運用において、評価結果を昇給に反映する仕組みを導入したい場合は、この賃金表は適用できません。

	1等級	2等級	3等級	4等級
号俸間ピッチ	2,000	2,200	2,500	2,800
昇格昇給		2,000	3,000	3,500
1	145,000	158,000	172,000	188,000
2	147,000	160,200	174,500	190,800
3	149,000	162,400	177,000	193,600
4	151,000	164,600	179,500	196,400
5	153,000	166,800	182,000	199,200

ⅱ）段階号俸表

評価結果を反映させることが可能です。1号俸間の格差が小さく、評価結果を反映させても格差が小さいのが特徴です。ただし、号俸を長く伸ばすことが可能なため、設計時に当該等級に何年間滞留させるのかを決定して、号俸数を増やす必要があります。段階号俸表のデメリットは、評価結果が累積されるため、評価結果が高い状態が長く続くと、絶対額が増額することにあります。その後、評価結果が芳しくない結果であっても、絶対額は高い金額を維持するため、成果と絶対額の不一致が生じることが起こる可能性があります。その点を視野に入れ、設計することが望ましいでしょう。

【標準5段階の例示】

	1等級	2等級	3等級	4等級
標準5段階ピッチ	2,000	2,200	2,500	2,800
昇格昇給		7,000	7,000	7,000
①	145,000	158,000	172,000	188,000
2	145,400	158,440	172,500	188,560
3	145,800	158,880	173,000	189,120
4	146,200	159,320	173,500	189,680
5	146,600	159,760	174,000	190,240
⑥	147,000	160,200	174,500	190,800
7	147,400	160,640	175,000	191,360
8	147,800	161,080	175,500	191,920
9	148,200	161,520	176,000	192,480
10	148,600	161,960	176,500	193,040
⑪	149,000	162,400	177,000	193,600
12	149,400	162,840	177,500	194,160

ⅲ）昇給表

昇給額のみの賃金表であるため、毎年の定期昇給が評価結果によっていくら上昇するのかが一目瞭然であること、人事担当者の定期昇給作業が簡素であることのメリットはありますが、基本給の絶対額が明示されていないため、各等級の上限を設定しなければどこまでも昇給させることが可能です。総人件費管理の視点から、各等級の上限金額の設定は必須です。

等級＼評価	S	A	B	C	D
1等級	2,800	2,400	2,000	1,600	1,200
2等級	3,080	2,640	2,200	1,760	1,320
3等級	3,500	3,000	2,500	2,000	1,500
4等級	3,920	3,360	2,800	2,240	1,680

ⅳ）複数賃率表

評価結果が累積されず、毎年リセットされる賃金表で、最高評価（S）と最低評価（D）の昇給が同額の賃金表です。単年度の実力が評価される賃金表であるため、本賃金表を採用するには職員への丁寧な説明と確実な運用方法を定めておく必要があります。

【1等級の賃金表】

号俸	S	A	B	C	D
1	147,000	146,000	145,000	144,000	143,000
2	149,000	148,000	147,000	146,000	145,000
3	151,000	150,000	149,000	148,000	147,000
4	153,000	152,000	151,000	150,000	149,000
5	155,000	154,000	153,000	152,000	151,000
6	157,000	156,000	155,000	154,000	153,000
7	159,000	158,000	157,000	156,000	155,000
8	161,000	160,000	159,000	158,000	157,000
9	163,000	162,000	161,000	160,000	159,000

（5）昇給の仕組み

・昇給は、定期昇給と臨時昇給の2種類があります。

○**定期昇給** … 評価結果を反映した基本給の昇給

○**臨時昇給** … 等級昇格による基本給の昇格昇給、支給条件適用による諸手当昇給

・定期昇給と昇格昇給のイメージ（段階号俸表の場合）

○**定期昇給** … 同一等級での毎年の評価結果の積み重ねによる昇給。昇給しても等級は変わらない

○**昇格昇給** … 等級昇格による昇格昇給額を加算する昇給。賃金表の等級が変わる

【段階号俸表（標準５段階）での定期昇給と昇格昇給】

		1等級	2等級
標準５段階ピッチ		2,000	② 2,200
昇格昇給		—	7,000
	①	145,000	158,000
1年目の定期昇給 B評価	2	145,400	158,440
	3	145,800	③ 158,880
	4	146,200	159,320
	5	146,600	159,760
	⑥	147,000	160,200
	7	147,400	160,640
2年目の定期昇給 A評価	8	147,800	161,080
	9	148,200	161,520
	10	148,400	161,960
	⑪	149,000	162,400
①	12	149,400	162,840
	13	149,800	163,280
3年目の定期昇給 A評価	14	150,200	163,720
	15	150,600	164,160
	⑯	151,000	164,600
	17	151,400	165,040
	18	151,800	165,480
	19	152,200	165,920

人事評価結果による昇給段階基準

S評価…７段階
A評価…６段階
B評価…５段階
C評価…３段階
D評価…１段階

３年目で２等級に昇格したときの昇給の仕方

①１等級で評価結果（A評価）による昇給
149,400円（１等級12号俸）
↓【定期昇給】
151,800円（１等級18号俸）

②２等級への昇格昇給
151,800円　＋　7,000円
（１等級18号俸）（２等級昇格昇給）
＝　158,800円

③直近上位の金額が４年目の基本給
154,800円の直近上位の額
↓
158,880円（２等級３号俸）

※人事評価結果による昇給段階基準の検討
○人事評価結果を定期昇給に反映させる場合、評価段階ごとに号俸数を定めます。原則として、段階号俸表を用いる場合、標準評価（SABCDの５段階評価の場合はB評価）は５段階昇給が原則です。

高評価に加算する段階事例

S評価…８段階
A評価…７段階
B評価…５段階
C評価…４段階
D評価…２段階

低評価に厳しい段階事例

S評価…７段階
A評価…６段階
B評価…５段階
C評価…３段階
D評価…０段階

（6）諸手当の考え方

諸手当の支給は、支給条件が明確であることが原則です。支給条件が説明できない手当があるとするならば、その手当は見直す必要があります。手当支給の基本的な考え方は、他者と比較して、きつい仕事をしている、つらい仕事をしているなど、仕事の内容に差があることに対して支給されるものです。諸手当の支給を検討するときは、次の点について十分に検討することが望まれます。

①手当支給の条件を明確にする
支給条件は、明確に定められているか。例えば、「調整手当」の支給内容が職員によって異なる場合、その把握はされているのか等。

②支給理由の明確化
全職員に説明できる理由がある手当か確認する。個別性の高い理由による手当などは、他の職員のモチベーション低下、組織への不信感につながる可能性が高いため、段階的（１年ごと等）に減額し、支給廃止することが望まれる。

③新たに手当を創設する場合は、全職種、全職員に対して機会均等に支給条件が適用するかを十分に検討することとする。

３．運用のポイント

（1）改定時の説明会の実施

賃金改定は職員説明会の実施が必須となります。職員説明会においては、一般職員説明会を開催する前に、現場管理職向けの説明会を開催し、十分な理解と納得を得た上で実施することでより全体の理解度が高まります。説明会実施に当たっては、全職員が必ず説明会に参加できるよう複数回の開催を企画し、全職員に周知できるよう運用する側の配慮も必要です。丁寧な説明をすることにより、理解や納得を得られる可能性が高めることが重要です。

（2）賃金規程の届出

法令に従い、手続きを進めます。

（3）昇給原資の確保

定期昇給額決定する際、人事評価の結果を反映させる場合、経営状況に応じて、年度予算の枠組みから一定の昇給原資を確保します。

賃金制度に関するQ＆A

Q1　評価結果を受けても具体的な処遇にあまりつながっていないと感じています。評価結果を賃金などの処遇にどのように連動させていけば良いのでしょうか？

A1　人事評価制度と賃金制度は連動していることを職員へしっかり周知するとともに理解してもらうことが大切です。

人事評価で評価を得ても、賃金への結び付きが明確でなければ、職員のモチベーション向上も期待できません。評価を賃金と結びつけるのは、職員が納得する厳格、公正なルールがなければなりません。賃金水準は公平性を基準に決められます。公平性に加え、納得性も重要になります。

そのためには、人事評価規程、人事評価表、評価基準表をもとに、どんなふうに働けば、どのように評価されるということを伝えます。さらに昇格・降格基準表から、賃金が上がること、そして、組織が望む成果を出さなければ賃金が上がらないこと、賃金が下がることを説明します。評価結果後は、面接の機会を設け講評、次回への期待を説明することで、自身の評価が明確となり納得性も高められます。

周知方法は、説明会や勉強会の開催が必要です。全体で説明する機会だけでなく、ユニットといった単位で行うことも大切です。さらに、面接場面で、賃金制度が連動していることを再度伝えていくことも大切です。そのためには、現場管理者への説明や勉強会は徹底して行うことで、ある程度の説明ができるようにしておくことも必要です。

賃金制度の改定は、将来の不安から職員に混乱が生じる懸念があります。評価結果の反映は、定期昇給へのではなく、まずは賞与の一部からの導入を考えることも方法のひとつです。

導入に際しては、等級、役職など、職場内での責任の重さによって成果の度合いを調節します。

実際に賞与を賃金制度で導入している施設の「賞与支給表」（下図）、「昇格・降格基準①　②」をサンプルとしてつけました。このような資料も、職員に説明し明確にしていきます。

（例）賞与支給表

<table>
<tr><th>算定方法</th><th>支給条件</th></tr>
<tr><td>
等級別・人事評価の評語別に下表の通り定める。
ただし、法人の経営状況等により変更する必要がある場合は、理事会の議決を経て変更することができる。

1）賞与の割合
賞与の算定基礎期間終了日現在の等級と人事考課の評語を下表に当てはめて決定する。
2）算定基礎期間中に採用され、人事考課の対象とならなかった職員のポイント数は、算定基礎期間終了日現在の等級のCを評語として求める。
<table>
<tr><th>評語＼等級</th><th>1等級</th><th>2等級</th><th>3等級</th><th>4等級</th><th>5等級</th><th>6等級</th></tr>
<tr><td>S</td><td>150</td><td>165</td><td>180</td><td>195</td><td>225</td><td>285</td></tr>
<tr><td>A</td><td>120</td><td>132</td><td>144</td><td>156</td><td>180</td><td>228</td></tr>
<tr><td>B</td><td>100</td><td>110</td><td>120</td><td>130</td><td>150</td><td>190</td></tr>
<tr><td>C</td><td>80</td><td>88</td><td>96</td><td>104</td><td>120</td><td>152</td></tr>
<tr><td>D</td><td>60</td><td>66</td><td>72</td><td>78</td><td>90</td><td>114</td></tr>
</table>
支給割合は原則として、夏期45％、冬期55％とする。
</td><td>
Ⅰ．支給月
夏期　7月
冬期　12月

Ⅱ．支給対象者は、算定基礎期間と支給日の双方に在職する職員とする。

Ⅲ．算定基礎期間
夏期　10月1日～3月31日
冬期　4月1日～9月30日
</td></tr>
</table>

昇格・降格基準①

定義：昇格とは、格付の等級を上位の等級に上げること、降格とは等級を下位の等級に下げることをいう。

<table>
<tr><td rowspan="2"></td><td colspan="7">等　級</td></tr>
<tr><td>1等級</td><td>2等級</td><td>3等級</td><td>4等級</td><td>5等級</td><td>6等級</td><td>7等級</td></tr>
<tr><td>階層</td><td>初　級</td><td>中　級</td><td>上　級</td><td>係長
(主任)</td><td>課　長</td><td>所長
部長</td><td>施設長
副施設長</td></tr>
<tr><td rowspan="2">昇格基準</td><td>直近の人事評価において、A以上の評価を得ること。</td><td>人事評価において、3ヵ年内にA以上の評価を2度得ており、その内の1度は直近の評価であること。</td><td>人事評価において、2ヵ年内にA以上の評価を2度得ており、その内の1度は直近の評価であること。
ただし、事業所の長の推薦のもと理事長の承認を得ること。</td><td>直近2回の人事評価において、A以上の評価を2度得ること。ただし、事業所の長の推薦のもと理事長の承認を得ること。</td><td>直近2回の人事評価において、A以上の評価を2度得ており、上位等級の責任を全うすることができると理事長が判断すること。</td><td>経営感覚に優れており、上位等級の責任を全うすることができると理事長が判断し、理事長の推薦のもと理事会の承認を得ること。</td><td></td></tr>
<tr><td colspan="7">1．昇格は原則として1等級とする。ただし、事業の維持発展に顕著な功績があった場合、又は職務遂行能力に優れ2等級以上の昇格が妥当と判断される場合は、上記によらず理事長裁量により最大上位3等級まで昇格させることができる。
なお、この場合の昇格時期は、理事長裁量により決定することができる。
2．昇格にあたっては、昇格前の本俸に本俸表で定める上位等級への昇格時加算額を加えた額の同額、同額の号俸がない場合は直近上位の号俸を適用する。</td></tr>
<tr><td rowspan="2">降格基準</td><td></td><td>直近2回の人事評価において、D以下の評価を2度得ること。</td><td>直近2回の人事評価において、D以下の評価を2度得ること。</td><td>人事評価において、2ヵ年内にD以下の評価を2度得ており、その内の1度は直近の評価であること。</td><td>人事評価において、3カ年内にD以下の評価を2度得ており、その内の1度は直近の評価であること。</td><td>6等級の責任を全うするために必要な能力・勤務態度・健康状態等が欠けていると理事長が判断すること。</td><td>成果に乏しく、7等級の責任を全うするために必要な能力・勤務態度・健康状態等が欠けていると理事長が判断し、理事会の承認を得ること。</td></tr>
<tr><td colspan="7">1．降格は、原則として1等級とする。ただし、勤務成績等が著しく劣っていると判断される場合、又は就業規則に違反し、その違反が重大であると判断される場合は、理事長裁量により最大下位2等級まで降格させることができる。
なお、この場合の降格時期は、理事長裁量により決定することができる。
2．降格にあたっては、降格前本俸の直近下位の号俸を適用する。</td></tr>
</table>

昇給・降給基準②

定義：昇給とは、格付の号俸を上位の号俸に上げること、降給とは号俸を下位の号俸に下げることをいう。

<table>
<tr><td rowspan="2"></td><td colspan="7">等級</td></tr>
<tr><td>1等級</td><td>2等級</td><td>3等級</td><td>4等級</td><td>5等級</td><td>6等級</td><td>7等級</td></tr>
<tr><td rowspan="6">昇給・降給基準</td><td>①評語</td><td>②評率</td><td colspan="2">③評率平均</td><td colspan="2">④昇給号俸 又は降給号俸</td><td rowspan="6">第○条に基づき理事長が決定する。</td></tr>
<tr><td>S</td><td>150%</td><td colspan="2">145%以上　150%以下</td><td colspan="2">10号俸</td></tr>
<tr><td>A</td><td>120%</td><td colspan="2">120%以上　130%未満</td><td colspan="2">7号俸</td></tr>
<tr><td>B</td><td>100%</td><td colspan="2">100%以上　110%未満</td><td colspan="2">5号俸</td></tr>
<tr><td>C</td><td>80%</td><td colspan="2">80%以上　90%未満</td><td colspan="2">0号俸</td></tr>
<tr><td>D</td><td>60%</td><td colspan="2">60%以上　70%未満</td><td colspan="2">－2号俸</td></tr>
</table>

Q2 当施設では常勤職員より非常勤職員の割合が高く、非常勤職員への処遇の反映はどのような基準で考えるべきでしょうか？実際に非常勤職員等の処遇に関して参考になる取り組みをしているところがありましたら教えて下さい。

A2 施設にとって非常勤職員の活用は重要な課題です。介護人材確保が困難な中、「フルタイムで働くことは無理だけど、短日・短時間なら可能」「福祉職に興味はあるけど経験・資格がない」といった、地元の方々を確保（採用）していくことは大切です。そして、採用した方々が安心して働ける環境や提供する介護サービスの質の向上を図る研修の参加機会や、納得できる賃金（時給）であることも大切な要素であり、働く職員のモチベーション向上へとつながります。

納得できる賃金（時給）は、適正な設定が大切です。賃金（時給）設定のポイントをお伝えします。

（1）地域・業界相場を調べる。

自施設の周辺地域で同業種の賃金をリサーチします。新聞折り込み、駅内の求人フリーペーパーが参考となります。地域での相場・業界での相場を確認すること、つまり市場調査が大切です。

（2）最低賃金を確認する。

最低賃金制度とは、最低賃金法に基づき国が賃金の最低限度を定め、使用者は、その最低賃金額以上の賃金を支払わなければならないとする制度です。地域によって異なります。毎年確認が必要です。ちなみに、平成28年10月1日現在の東京都最低賃金は、932円となります。

（3）自施設の戦略（経営状況）に沿って設定する。

自施設の経営戦略・経営状況等、実情に合った設定をするものです。賃金設定は時給だけでなく、昇給や賞与支給の検討も行い明示することで、働く安心感を得られます。

次は、非常勤職員の人事考課です。行っていない施設もあると思いますが、施設としてのケアの質を維持するためには、非常勤職員の人事評価はいずれは必要となるでしょう。そのためには、非常勤職員も施設にとってかけがえのない大切な職員であることを伝えていくことが大切です。そして評価は、年度更新時の昇給や常勤職員登用への参考資料としていきます。キャリアパス制度の条件である、常勤職員登用制度を具体的に示し、明文化することで、常勤職員と同様の要件を提示することで、働く非常勤職員のモチベーションの向上へとつながります。

【参考文献】

最低賃金制度｜厚生労働省
http://www.mhlw.go.jp/stf/seisakunitsuite/.../minimum-01.ht（平成28年10月1日閲覧）

（例）非常勤職員雇用時基準賃金設定表・更新時昇給額

非常勤職員の労働条件等を明確化し、非常勤職員の待遇改善を目的とした取り決めについて以下の通り定める。ただし、理事長が特に認めた者についてはこの限りではない。

【非常勤職員採用時の基準賃金設定表】　単位：円

	勤務形態	ベース	資格	経験	時給額	更新時昇給額	備考
介護士	フル夜勤有り 交替勤務	○○○	介　福　○○ 主　事　○○ ヘルパー○○	5年　○○ 3年　○○ 1年　○○	○○○〜 ○○○	時給○○〜○○	月勤務時間 160H〜168H
	フル夜勤なし 交替勤務	○○○	介　福　○○ 主　事　○○ ヘルパー○○	5年　○○ 3年　○○ 1年　○○	○○○〜 ○○○	時給○○〜○○	月勤務時間 160H〜168H
	1日8H少日勤務 交替有	○○○	介　福　○○ 主　事　○○ ヘルパー○○	5年　○○ 3年　○○ 1年　○○	○○○〜 ○○○	時給○○〜○○	
	短日・短時間勤務 （雇用保険加入）	○○○	介　福　○○ 主　事　○○ ヘルパー○○	5年　○○ 3年　○○ 1年　○○	○○○〜 ○○○	時給○○〜○○	
	短日・短時間勤務 （雇用保険未加入）	○○○	介　福　○○ 主　事　○○ ヘルパー○○	5年　○○ 3年　○○ 1年　○○	○○○〜 ○○○	時給○○〜○○	
相談員	フルタイム 土日祝日勤務可	○○○	介　福　○○ 主　事　○○ ヘルパー○○	5年　○○ 3年　○○ 1年　○○	○○○〜 ○○○	時給○○〜○○	月勤務時間 160H〜168H
	短日・短時間勤務 （雇用保険加入）	○○○	介　福　○○ 主　事　○○ ヘルパー○○	5年　○○ 3年　○○ 1年　○○	○○○〜 ○○○	時給○○〜○○	
	短日・短時間勤務 （雇用保険未加入）	○○○	介　福　○○ 主　事　○○ ヘルパー○○	5年　○○ 3年　○○ 1年　○○	○○○〜 ○○○	時給○○〜○○	
ケアマネジャー	フルタイム 土日祝日勤務可	○○○		5年　○○ 3年　○○ 1年　○○	○○○〜 ○○○	時給○○〜○○	月勤務時間 160H〜168H
	短日・短時間勤務 （雇用保険加入）	○○○		5年　○○ 3年　○○ 1年　○○	○○○〜 ○○○	時給○○〜○○	
	短日・短時間勤務 （雇用保険未加入）	○○○		5年　○○ 3年　○○ 1年　○○	○○○〜 ○○○	時給○○〜○○	

（例）常勤職員登用規程

社会福祉法人　〇〇

（総則）

第１条　この規程は、社会福祉法人〇〇（以下「法人」という）における常勤職員登用制度の取り扱いについて定める。

（定義）

第２条「常勤職員登用」とは、１日の勤務時間および１週の勤務日数が常勤職員と同一である常勤職員以外の職員（以下「対象職員」という）を常勤職員に登用する制度をいう。

（登用の条件）

第３条　法人は、採用後１年経過した対象従業員のうち、次のすべてに該当する者を常勤職員として登用する。

(1) 常勤職員と同じ時間、同じ日数の勤務ができること
(2) 法人内施設へ異動が可能なこと
(3) 過去２年間の人事評価の評定平均値がBランク以上であること
(4) 上司の推薦があること
(5) 長く勤務できること
(6) 心身ともに健康であること
(7) 所得税の課税を受け入れる意思のあること
(8) 社会保険へ加入する意思のあること

（労働条件）

第４条　常勤職員に登用した者の労働時間・休日・休暇等その他の労働条件は、就業規則に定めるところによる。

２　年次有給休暇における勤続年数の算定については、対象職員としての勤続年数を通算する。

（退職金）

第５条　退職金の算定においては、常勤職員登用後の勤続年数を対象とする。

（その他の労働条件）

第６条　この規程に定めのない事項については、就業規則の定めるところによる。

（改廃）

第７条　この規程の改廃は、理事会の議決により行うものとする。

附　則

この規程は、〇〇年〇〇月〇〇日より施行する。

第3章 キャリアパス運用に必要な関連制度

I キャリアパス運用に必要な関連制度～役職任用制度

1．役職任用制度の概要

役職者の役割、任用条件、任用の手続きを定める制度です。役職者を決めるとき、その役職者は何が認められて役職に就いたのかが職員に伝えられていないとどうなるでしょうか。職員側からすると、役職者としてふさわしいと思っている人が就けば全く問題はありませんが、人間関係がよくなかったり、ふさわしいと認めたくない場合、その役職者と職員との仕事関係はよい方向に進むとは言い難い面があります。役職者を決める際、任用基準や手続きが公開されていないと、上層部が気に入っている人を役職者にしたというような印象を与えかねません。本来、役職者は部署やチームのまとめ役ですから、上層部から気に入られることも必要ではありますが、部署メンバー、チームメンバーから慕われることが大切です。したがって、役職者の役割、任用の条件、手続きを公開することは職員からの信頼の一部を担保することにつながります。

役職者自身にとっても、役職任用制度は役職者の役割が明文化されていますので、自分の役割認識による具体的行動をとることが明快になります。明文化されていない場合、初めて役職に就く職員は非常に戸惑います。施設にある職務権限規程と併せて新任役職者はその役職の役割を説明することが役職者育成のスタートでもあります。

施設運営は、各部署の役職者がいかに上手く職員を一つの方向に引っ張るかにかかっています。役職者自身にその認識力を高めさせ、職員ができるだけ信頼のおける役職者として認めるためにも役職任用制度は整えておきたい制度です。

2．役職任用制度の基本設計

（1）全職種の役職の職名と段階を洗い出す

部署や職種により、役職の名称（職名）が異なる施設があります。例えば、介護部門では、「主任」という職名ですが、同じ職責でも事務部門では「係長」と職名であったり、事務部門では「課長」であっても医務部門では「師長」という職名だったりします。どの役職がどの職位なのかが一般の職員に伝わっているでしょうか。役職任用制度を整備するとき、まずは現状の自施設の職名を書き出して、職位段階を明らかにし、何段階の役職職階にするかを決定します。役職職階の整理とその目的については、1．等級制度の基本設計を参照してください。

人事制度は職員の評価と育成、活用と処遇をどのようにするのかを目的とする制度ですが、併せて役職職階の整理は、組織における指示命令系統を明確にし、組織体制強化にもつながります。組織を盤石な体制にするためにも、役職職階の整理はキャリアパスにおいて重要なポイントでもあります。

（2）役職者の役割を明文化し、周知する

役職者の役割は、その一部が職務権限規程に明記されています。しかし、職務権限規程は職務（業務）を軸にした権限で書かれており、あくまでも「権限」であるため、役割の一部を包括している内容となっています。役職者といってもその役割は幅広くあります。人、もの、金、情報、ノウハウの経営資源をいかに効率的かつ効果的に組み合わせて活用するのかのマネジメント業務が役割です。役職者の役割認識により組織、チームの動きが決まるといっても過言ではないほど、重要なことです。そのためにも、役職者の役割を明文化し、役職者に周知することが役職任用制度を動かすスタート点です。役職者と一般職員の役割の違いがあること、役職段階に応じてさらに役割の違いがあることを役職者だけではなく、全職員が認識して、それぞれが役割を全うすることが、この制度の目的でもあります。

次に記すのは、施設長、部長、課長、係長、主任の役職者の役割の違いの事例です。この役職者の役割に応じて、人事評価制度での役職者の評価内容も決まります。

〔施設長〕
法人の基本理念に基づき、事業所全体の運営を遂行し、経営の基本方針を策定するとともに事業所の運営全般についての実務上の最高責任を有し、理事長を補佐する職位とする。

〔部長〕
事業所の基本方針に基づき、担当する部門の基本方針を策定するとともに運営を遂行し、経営の基本方針の策定に参画し調査、研究、企画、開発、立案、調整、承認等を行う職位とする。

〔課長〕
部長の一般的な管理の下に、定められた範囲の業務について、関係業務の具体的な計画を立案・運営し、かつ部下を指導・監督して日常の業務遂行について実務的な責任を有する職位とする。

〔係長〕
課長等の指導の下に、担当業務の運営について、実務的な業務遂行を行うとともに、部下を指導・監督して日常業務の遂行について、責任を有する職位とする。

〔主任〕
課長・係長の指導の下に、指定された担当業務の運営について、実務的な業務遂行を行うとともに、担当業務の範囲内で業務を遂行する職員について指導、支援する職位とする。

（3）役職に任用する条件を決める～役職任用基準～

役職者の役割を担うに値するスキルがあるかを確認するため、任用基準を定めます。等級の昇格基準は、社会人として、組織人として、専門職としてのスキルを確認するための基準でした。役職の任用基準は、組織やチームを統括する力があるかを確認する基準です。

自施設で各層の役職者に何を期待するかが基準になります。

そして役職任用基準はあくまでも「確認基準」にすることがポイントです。役職者として推薦されたものの、基準で落とされたとなると、折角の役職者候補のスタッフはその後、やる気をなくしてしまうことにつながりかねません。したがって、推薦する役職の役割に応じて、役職任用後必要とされるスキルなどの確認ができる内容で任用試験を行うことがよいでしょう。

【役職任用基準の例示】

施設長	・資格等級７等級以上であること ・過去２年間の人事評価の総合結果がA評価以上であること ・事業所運営に必要な高度な専門知識を有していること ・健全経営のための先見力、決断力、管理統率力にすぐれていること ・人格・見識が施設長としてふさわしいこと ・経営に参画する意識が高いこと ・経営理念・方針を理解していること
部長	・資格等級６等級以上であること ・過去２年間の人事評価の総合結果がA評価以上であること ・所管部門の業務運営に関する法令および専門知識を有していること ・企画力、施設内外との折衝力、所管部門の組織運営に必要な決断力に優れていること ・人格・識見が部長としてふさわしいこと ・経営に参画する意識が高いこと ・経営理念・方針を正しく理解していること
課長	・資格等級５等級以上であること ・過去２年間の人事評価の総合結果のうち、A評価以上が２期以上あり、かつC評価以下がないこと ・担当業務について専門的な知識または技術を有していること ・部下を指導監督する能力を有していること ・所管する部署を統括する能力を有していること ・人格・識見が課長としてふさわしいこと ・経営理念・方針を正しく理解していること
係長	・資格等級４等級以上であること。 ・過去２年間の人事評価の総合結果のうち、A評価以上が２期以上あり、かつC評価以下がないこと ・担当業務の精通していること ・部下を指導監督する能力を有していること ・人格・識見が係長としてふさわしいこと ・経営理念・方針を正しく理解していること
主任	・資格等級４等級以上であること。 ・過去２年間の人事評価の総合結果のうち、A評価以上が２期以上あり、かつC評価以下がないこと ・担当業務の精通していること ・職員を指導・支援する能力を有していること ・人格・識見が係長としてふさわしいこと ・経営理念・方針を正しく理解していること

【役職任用審査実施要領の例示】

役職任用審査実施要領

１．役職任用候補者の推薦

（１）役職任用対象者リストの役職任用対象者は職能資格等級規程における等級役職任用基準を満たした（４期の人事評価結果がＡ２以上）職員です。

基準は満たしていますが、その職員が等級に見合った職務を遂行しているか、情意面においても問題なく役職任用に適しているか検討し、推薦してください。

（２）推薦する場合は、「役職任用推薦書」に必要事項を記入し、指定期日までに人事部に提出してください。

２．役職任用試験の実施

役職任用推薦書が提出された職員（役職任用試験対象者）に対して、以下の役職任用試験を実施します。

（1）試験内容
①　レポート審査
ⅰ）テーマ「私が施設長になったらやりたいこと」
ⅱ）600字以内で、書式は自由。所属部署、氏名を明記のこと
②　プレゼンテーション審査
ⅰ）テーマ「今年度の事業計画おける自己の取り組み」
ⅱ）時間は５分間
ⅲ）資料は、パワーポイントにて作成のこと、枚数は任意
③　筆記試験
ⅰ）当施設の職員として知っておくべきこと
（2）試験日
役職任用試験対象者および所属長に別途通知します。

３．役職任用の最終決定
（1）最終決定
人事委員会にて、以下の内容を基に役職任用者を最終決定します。
＊過去４期の人事評価結果、過去の目標内容
＊役職任用推薦書の推薦内容
＊役職任用試験結果（レポート、プレゼンテーション、筆記）

（2）各審査基準
①レポート審査
レポート評価票に基づき、各部門長が審査し、審査員の点数が80点以上（100点満点）。
②プレゼンテーション審査
プレゼンテーション評価票に施設長、部門長が審査し、審査員の点数が80点以上（100点満点）。
③筆記試験
80点以上（100点満点）。

４．役職任用の通知
（1）人事委員会にて承認された役職任用決定者には、役職任用承認通知にて事務部より通知し、「役職任用辞令」を発行します。
（2）「役職任用辞令」は、施設長より手渡すこととします。

３．運用のポイント

役職任用制度の運用のポイントは、任用の手順や基準がブラックボックス化しないことです。「施設長の気に入った人ばかりが役職者につく」、「なぜ○○さんが介護主任になったのかがわからない、納得できない」などの声が職員から挙がらないようにすることです。このような声があがると、役職任用された職員が以降、役職者として役割、仕事をしにくくなります。役職につく職員が役職者としての役割を十分に果たせる環境整備の一つが役職任用の手順や基準の公開だと思ってもらうと良いでしょう。

役職任用制度に関するQ＆A

Q1 当施設には昇進試験はあるのですが、役職としての明確な基準がありません。役職の明確な基準はどう設定をするべきなのでしょうか？あわせて昇格・降格に対しても明確な基準で対応していきたいと思っているのですが運用のポイントはどういったところでしょうか？

A1 本書などを参考にしながら、役職昇進の基準、役職者の役割を明文化します。さらに実際に各役職者の具体的な役割内容を書き出します。役職者の役割を明確にすることにより、自らの役割内容の再点検の機会となります。役職に求められる役割、任用の基準が明確になれば、おのずと昇進・降格の基準も、明確になります。

Q2 「役職を降りたい」「役職に就きたくない」という声が挙がっており、どう対応していけばいいか困っています。職員のモチベーションを上げるための役職制度を作るにはどんな方法が考えられるでしょうか？

A2 人員・人材不足の介護現場では、役職者の仕事もしながら現場の仕事もしなければならないという負荷がかかります。そこで役職の責任感、負担感と役職者の処遇との連動は検討されているでしょうか。また、役職者の役割が果たせるサポートとして教育研修を行っているでしょうか。

施設長などのトップマネジメントは、役職者が職員集団の中で、リーダーシップを発揮できるようその環境を整えること、現場と上司の調整役としての悩みの解決など、部下のフォロワーシップの形成をめざし、役職者を支えることです。

役職者のモチベーションが下がるのは、総じて全職員のモチベーションも下がっています。介護・看護の基本原理などを学ぶ「一般研修」や「専門研修」を大切にしながら、全体の底上げを行ないます。そして「サービス向上（利用者利益）」⇔「経営安定（法人利益）」⇔「職務達成感（職員利益）」がバランス良く向上する中でこそ役職者のモチベーションの向上にもつながります。役職者として役割を果たせるためのサポートと、その責任と権限に見合った処遇を検討することの両輪で役職者のモチベーション管理を推進することが望まれます。

（例）
社会福祉法人○○会
役職者任免に関する規程

（総則）

第１条　この規程は、社会福祉法人○○会（以下、「当法人」という。）キャリアパス制度規程第○○条に基づき、役職者の任免について具体的取り扱いを定めたものである。

（定義）

第２条　この規程における役職者とは、所管する組織およびその業務の責任者として、適切な組織運営を図り、自己の所管する組織の目的を達成するための責任と権限を有する職位をいう。

（役職者の範囲）

第３条　この規程において、役職者の範囲は、次の各号のとおりとする。

一　施設長

二　部長

三　課長

四　係長

五　主任

（各職位の職責の範囲）

第４条　職位と職責の範囲は、次の各号のとおりとする。

一　施設長

法人の基本理念に基づき、事業所全体の運営を遂行し、経営の基本方針を策定するとともに事業所の運営全般についての実務上の最高責任を有する職位とする。

二　部長

事業所の基本方針に基づき、担当する部門の基本方針を策定するとともに運営を遂行し、経営の基本方針の策定に参画し調査、研究、企画、開発、立案、調整、承認等を行う職位とする。

三　課長

副施設長の管理の下に、定められた範囲の業務について、関係業務の具体的な計画を立案・運営し、かつ部下を指導・監督して日常の業務遂行について実務的な責任を有する職位とする。

四　係長

課長等の指導の下に、担当業務の運営について、実務的な業務遂行を行うとともに、部下を指導・監督して日常業務の遂行について、責任を有する職位とする。

五　主任

課長・係長の指導の下に、指定された担当業務の運営について、実務的な業務遂行を行うともに、担当業務の範囲内で業務を遂行する職員について指導、支援する職位とする。

（各職位の任用基準）

第５条　役職に任用される者は、次の各号の要件を満たすものとする。

一　施設長

・資格等級７等級以上であること

・過去２年間の人事評価の総合結果がA評価以上であること

・事業所運営に必要な高度な専門知識を有していること

・健全経営のための先見力、決断力、管理統率力にすぐれていること

・人格・見識が施設長としてふさわしいこと

・経営に参画する意識が高いこと

・経営理念・方針を理解していること

二　副施設長

・資格等級６等級以上であること

・過去２年間の人事評価の総合結果がA評価以上であること

・所管部門の業務運営に関する法令および専門知識を有していること

・企画力、施設内外との折衝力、所管部門の組織運営に必要な決断力に優れていること

・人格・識見が副施設長としてふさわしいこと

・経営に参画する意識が高いこと

・経営理念・方針を正しく理解していること

三　課長

・資格等級５等級以上であること

・過去２年間の人事評価の総合結果のうち、A評価以上が２期以上あり、かつC評価以下がないこと

・担当業務について専門的な知識または技術を有していること

・部下を指導監督する能力を有していること

・所管する部署を統括する能力を有していること

・人格・識見が課長としてふさわしいこと

・経営理念・方針を正しく理解していること

四　係長

・資格等級４等級以上であること。

・過去２年間の人事評価の総合結果のうち、A評価以上が２期以上あり、かつC評価以下がないこと

・担当業務の精通していること

・部下を指導監督する能力を有していること

・人格・識見が係長としてふさわしいこと

・経営理念・方針を正しく理解していること

五　主任
・資格等級４等級以上であること。
・過去２年間の人事評価の総合結果のうち、A評価以上が２期以上あり、かつC評価以下がないこと
・担当業務の精通していること
・職員を指導・支援する能力を有していること
・人格・識見が係長としてふさわしいこと
・経営理念・方針を正しく理解していること

（選考）
第６条　前条の要件を満たしたものは、次の各号において選考され、任用されるものとする。
一　筆記審査
二　レポート審査
三　プレゼンテーション審査
２　任用の決定は、前項の選考の結果を人事委員会にて審査し、施設長が決定するものとする。

（役職者の心得）
第７条　役職者は、次の各号に留意して、その職務を遂行しなければならない。
一　自らの使命と役割を自覚すること
二　部下を確実に掌握したうえで、適切に指導監督すること
三　法令および病院等の規則を誠実に遵守すること
四　所管業務の遂行状況を適宜適切に上長に報告すること

（任用および人事異動）
第８条　役職の任用および人事異動は、次の各号のときに施設長が任命するものとする。
一　職位に欠員が生じたとき
二　組織変更等により職位が統廃合されたとき
三　不適格な配置と認められたとき
四　組織運営上、必要と認められたとき
五　その他、施設長が必要と認められたとき

（任用および人事異動の時期）
第９条　役職者の任用および人事異動は、原則として毎年４月１日付で行う。ただし、欠員が生じ、その後任者を決定する必要があるときは、この限りではない。

（役職の兼任）
第10条　役職に兼任の必要が生じたときは、現役職位を変更することなく、他の役職に任用することがある。

（任用期間および再任審査）

第11条　役職者の任用期間は２年間とする。

２　任用後２年後に、次の各号の基準にもとづき、再任の審査を行うものとする。

一　任用期間中の所管業務の達成度

二　部下の指導育成上の実績

三　勤務態度

四　人格および識見

五　自己開発への取り組み

六　健康状況

３　再任の決定は、前項の審査の結果を人事委員会で審査し、施設長が決定するものとする。

（解任）

第12条　前条の任用期間中に次の各号に該当することがあった場合は、役職を解任するものとする。

一　自らの使命と役割についての自覚に欠けるとき

二　部下の指導監督が適切でないとき

三　法令または施設の規則に違反したとき

四　故意または過失により、施設に重大な損害を与えたとき

五　所管業務の遂行状況が思わしくないとき

六　施設の信用と名誉を傷つける行為のあったとき

七　健康を害し職務に耐えないと認められるとき

２　役職者の解任は、人事委員会にて審議し、施設長が決定するものとする。

３　解任後の処遇は、その都度定めるものとするものとする。

（辞任の申し出）

第13条　役職者が自らの職責の範囲において役割を全うすることが困難であると認めた場合、当該役職の辞任を申し出ることができる。

（解任者の再任）

第14条　役職者として再任されなかった場合もしくは解任された場合においても、本人の努力により再び役職者にふさわしい成績を収めたときは、再任用することがある。

（発令）

第15条　役職の任用および人事異動の発令は、辞令を発行し、施設長がこれを行うものとする。

（改廃）

第16条　この規程の改廃は、理事会の議決により行うものとする。

附　　則

（本規則の実施日）

第１条　この規程は、平成○○年○○月○○日より実施する。

（例）

平成　　年　　月　　日

社会福祉法人○○会
理事長　○○　○○　殿

役職任用推薦書

推薦者　　　　　　　　　　　　　　　㊞

下記の者を昇進推薦いたします。

被推薦者	所　属		氏　名 歳
	現行役職	現行資格等級　　　等級 入職日　平成　年　月　日	勤続年数　　年　　ヶ月 資格取得　　年

≪推薦内容≫

推薦役職	

【職務の状況】

1）業務実績

2）職務に対する姿勢（意欲、態度など）

3）対人関係面

【推薦理由】

※人事部記入

	1期前	2期前	3期前	4期前	備考
評価実績					

☐　昇進決定　　☐　見送り　　☐　その他（　　　　　　　　　　）

平成○年○月○日改定

Ⅱ キャリアパス運用に必要な関連制度 〜目標管理（個人目標設定）に関する制度〜

1．個人目標設定に関する制度の概要

一般的な目標管理制度は、年間事業計画の実現に向けて、職員一人ひとりがどのような役割を担うのか、その役割をどのような方法で推進するのかを明確にし、全体の進捗状況を管理することをいいます。個々の達成目標を達成するための業績達成度管理、事業計画に参画する職員目標の立案と達成までのプロセス管理をいいます。ここでの目標管理に関する制度は、職員一人ひとりのスキル向上と役割の遂行を目的とした側面で述べます。

毎年目標を立てて、達成に向けて努力し、その結果の積み重ねこそ、キャリアの積み重ねとなります。キャリアパス運用には個人目標の設定はスキル習得の積み重ねの観点から考えると、必須といえるでしょう。一方で、多くの施設では、個人目標と施設の事業計画（組織目標）のリンクが課題となっていることも否めません。本章では、個人目標と施設の事業計画との連動の方法についても述べることとします。

2．目標管理制度の基本設計

（1）事業計画書と個人目標の連動

理事会で承認された事業計画書は、どのような方法で職員に浸透させているでしょうか。事業計画の実現は、①各職種、各部署の役割分担および月別実行計画の立案と実施（部署目標の設定と実践）、さらに②各職種、各部署の職員一人ひとりの役割分担および月別実行計画の立案と実施（個人目標の設定と実践）がいかに丁寧に進められているかがポイントです。

そのためには、事業計画書の重点課題ごとに次のことが記されているかを確認します。

○重点課題ごとの具体的手段、具体的行動計画

○各具体的手段、行動計画を実践する主たる部署、委員会、担当責任者

主たる部署、担当責任者が明記させることにより、そこから部署の事業計画、担当責任者の事業計画（年間行動計画）が立案できます。これを「見える化」したのが、次のP74に記す事業計画書の事例です。

【事業計画書の例示】

(例) 平成○○年度　施設の事業計画書

施設名：　特別養護老人ホーム○○園
作成責任者：　○○　○○

施設の事業計画			施設の事業計画	指標・成果	到達時期	具体的行動計画 4月	5月	6月	7月	8月	9月	10月	11月	12月	1月	2月	3月	担当者名
顧客（利用者・家族・地域）	①居宅事業所、病院へのPR ②地元町内会・老人クラブとの連携 ③利用者に「●●園」を利用して良かったと思える施設運営 ④●●福祉会各施設・●●会との連携	①	居宅事業所・病院への空情報等の提供	ホームページの活用 FAX及び郵送での案内	平成27年6月	準備期間			FAXでの案内提供　郵送での案内提供								アクセス数の確認	部長 相談員
		②	町内会・老人クラブへの行事参加	町内会長からの情報把握 運営推進会議での打診	通年			打診		盆踊り参加		運動会参加						部長
		③	利用者アンケートの継続的実施	来年度事業計画への活用	8月　2月 年2回			アンケート実施		集計報告				アンケート実施		集計報告		各所属長
		④																
財務	前年度（H○○年度）収入の維持	①	特養平均介護度4.4以上	特養平均介護度4.4以上	通年		利用率報告　月／1回幹部会議にて					入所審査会での現状報告　月／1回						施設ケアマネ 相談員
		②	短期入所　月平均稼働率95％	短期入所　月平均稼働率95％	通年		利用率報告　月／1回幹部会議にて											相談員
		③	小規模登録者　25名　平均介護度2.5	小規模登録者　25名 平均介護度2.5	通年	23名	目標登録者数	24名					25名					ケアマネ
		④																
業務プロセス（業務改善）	・ユニット型施設のあるべき姿の具現化 ・利用者・家族へのサービス内容の向上	①	24時間シートの確認・活用	●●システムの活用	通年	準備期間					仮運用と修正						本運用	リーダー
		②	サービス内容向上に関する業務改善	サービス提供に対する心構えの活用追加の見直し	通年		サービス提供に対する心構えの活用								見直し	周知徹底		各所属長
		③																
		④																
人材育成	職員意識改革の研修・教育の強化	①	感染症対策研修	外部研修の参加 研修計画書の活用 感染症予防基礎知識の習得と適切なケアを実施できる	通年	別紙　感染委員会計画書参照												感染委員会
		②	身体拘束防止研修	外部研修への参加 内部研修の実施	通年			研修30分		研修30分		研修30分		研修30分	研修30分		研修30分	施設長
		③	職員メンタルヘルス研修	外部研修への参加 内部研修の実施	通年			研修30分		研修30分		研修30分		研修30分	研修30分		研修30分	施設長
		④																

介護施設のためのキャリアパスのつくり方・動かし方
発行　東社協　東京都高齢者福祉施設協議会 施設管理検討委員会
作成　株式会社フロインド 下田 静香

（2）事業計画の周知

事業計画の具体的行動計画、担当責任者が決定し、事業計画書を完成させたら、各職員に対して、事業計画の内容を説明する機会を作り必要があります。事業計画は施設長や幹部職員だけで推進できるものではありません。職員一人ひとりの日々の仕事と行動の蓄積で完遂されるものです。

そこで、次に示すのは、事業計画を個人目標に連動させるまでの仕組み、スケジュールです。例示にように、事業計画を周知させ、個人目標に落とし込みをした後も、定期評価を繰り返し、事業計画の実現に向けての大まかなスケジュールを立案し、全職員に「事業計画と個人目標の動かし方」を示すようにしましょう。年間スケジュールを毎年繰り返して実践することが、事業計画と個人目標の連動をより強固なこととすると考えてください。

（3）目標設定期間

個人目標の設定期間を決定します。施設の事業計画は1ヵ年ですので、6ヵ月もしくは1ヵ年で設定するのが一般的です。6ヵ月の設定期間にすると、職員の目標の取り組みをまめに確認することが必要ですので、目標への取り組み度合が高まることが考えられます。一方で、1年間に2回、目標を立てなければならない煩雑さがあること、施設の事業計画と連動しにくくなることのデメリットもあります。1ヵ年の設定期間にすると、施設の事業計画の具体的行動計画に則して立案することができます。一方で、1ヵ年かけて取り組む目標となると、時間をかけて成果を出す目標になりますので、一般職員からすると、そんなに大がかりな目標を日常業務から見つけられない、1ヵ年という期間が長すぎて、間延びしてしまい、取り組む意欲が薄れてしまうなどのデメリットもあります。

よって、目標設定期間は、個人目標を事業計画に則して立案させることを重視する場合は、1ヵ年としたほうがよいでしょう。職員のスキル向上を重視する場合でしたら、こまめにスキル向上を点検する機会をもつために6ヵ月としたほうがよいでしょう。

（4）目標の数と種類の決定

1ヵ年もしくは6ヵ月の期間にいくつの目標を設定させるかを決定します。目標の数は、施設によってかなりのバラツキがあるようです。

（例）【事業計画立案から周知に至るまでのスケジュール】（4月～翌年3月の決算期の場合）

	内容	担当責任者
1月	◎次年度の施設運営方針の決定 ◎次年度事業計画（重点課題）の検討と決定	経営会議メンバー （施設長および幹部職員）
2月下旬	◎部署目標の設定 ◎経営会議での承認	所属長 経営会議メンバー
3月下旬	◎理事会にて事業計画（重点課題）の承認 ◎施設運営方針および事業計画（重点課題）説明会【施設長から所属長へ】 ○対象者：主任以上の役職者	理事会 経営会議メンバー
4月中旬～ 5月上旬	◎施設運営方針および事業計画（重点課題）説明会【所属長から職員へ】 ◎個人目標の設定、目標シートの記入 ◎目標設定面接の実施	所属長 各職員 所属長および各職員
9月末～ 10月中旬	◎事業計画（重点課題）の上半期評価 ◎個人目標の上半期評価 ◎中間評価面談の実施	経営会議メンバー・所属長 各職員
3月上旬～ 3月末	◎事業計画（重点課題）の通年評価 ◎個人目標の下半期・通年評価 ◎最終評価面談の実施	経営会議メンバー・所属長 各職員

1ヵ年に1つの目標という施設もあれば、6ヵ月に5つの目標を設定させている施設もあります。個人目標設定の目的は、①個人のスキル向上、②施設の事業計画の実践と達成です。よって、両方を実現したいのであれば、①個人のスキル向上の目標と②事業計画に関連する目標の両建てできるように数を設定させるとよいでしょう。

また、職員のスキルの保有度、立場によって設定してほしい目標の種類が異なります。日常業務を単独でできる職員に、日常業務ができるようになるという目標を記入されてもそれは目標とは言えません。また、主任や課長クラスの職員が事業計画と全く関係のない目標をたてるのも、立場に応じた目標とはいえません。目標設定では、等級や立場に応じて設定する目標の種類を示すことで、職員への期待値も伝わります。目標の種類には、①日常業務（マニュアル・手順化された仕事）を習得（単独でできる）する目標、②日常業務を改善する（進め方を見直す）目標、③事業計画に関連する目標（課題解決）、④能力開発目標（知識・技能を高める目標）の4種類があります。次に示すのは、各等級と役職者への目標の数と種類の例示です。

（5）個人目標記入シートの決定

職員一人ひとりが目標を立案し、より行動に移せるようにするために、個人目標記入シートのフォーマットを決定します。個人目標記入シートには、①何を（解決したい課題）、②どのような方法、どのような計画で（具体的手段と方法、具体的行動計画）、③どこまで（達成度、到達度）が記入できるスペースを確保します。目標の数や種類によって、スペース配置します。大まかに記入させるシートのタイプと、細かい計画まで具体的に記入させるシートのタイプがあります。細かい計画まで具体的に記入させるシートの場合、職員から記入するのが面倒という意見が出る場合があります。目標管理制度に対してできるだけ前向きに取り組ませるのであれば、大まかな記入シートのほうがよいでしょう。

（例）【等級別役職別の目標の数と種類の例示】

等級・役職 目標の種類	一般職員（役職なし）		役職者		
	1～2等級	3等級以上	主任	課長	部長
日常業務を習得する目標	◎	○	—	—	—
日常業務の改善目標	○	◎	◎	—	—
事業計画に関する目標	—	—	◎	◎	◎
能力開発目標	◎	◎	○	—	—
目標の数	2	2	3	事業計画のとおり	

3．運用のポイント

目標管理制度はいうまでもありませんが、制度を動かすことが目的ではなく、施設が明日も運営できるために一人ひとりの職員がすべきことを定め、それを計画的に実践することを促すことが目的です。そのポイントは、①事業計画や個人目標の設定時期、目標設定面接の時期など年間スケジュールを徹底して推進すること、②施設目標と部署目標、個人目標をつなげる手順を示すこと、③個人目標設定のポイントや例示を示すことです。

（1）年間スケジュールの徹底（目標設定面接の徹底）

前述の「目標管理制度の基本設計」の（2）で記したように、大まかな目標設定の時期を示すとともに、各所属長に対して、制度に慣れるまでは毎年、年間スケジュール（当年度の具体的な日付も決定した上で）を主要会議などで説明することです。また、個人目標記入シートを記入した後の上司と職員の目標の点検、アドバイスの面接を徹底することです。特に制度導入時は、面接する側（所属長、一次評価者など）には職員が記入した目標の点検ポイント、面接の進め方のポイントを伝えることで、面接する側の不安を排除することも考慮しましょう。

目標の点検ポイントは、次の3点です。一つ目は、職員の立場に対して、目標が高すぎないか、低すぎないかです。高すぎる目標とは、職員が一人で実施するには無理な目標です。作業量が多すぎる、レベルが高すぎるなどがありますが、職員が取り組みたいという積極的な気持ちで記入してきたのですから、上司は目標達成のために何がサポートできるかを伝えるようにさせましょう。二つ目は、記入した目標を読んで、具体的に何をしようとしているのかおおよその作業、行動が想定できるかです。目標の書き方に、「○○業務をスムーズに実施する」、「効率的に行う」、「信頼できる利用者対応に努める」など曖昧で達成度や目標に向けての作業が想定できない場合は、面接で内容確認する必要があります。三つ目は、目標に取り組む前と後で、どのような変化が想定できるかです。取り組んだ結果、1）ないものを作った、2）できないことができるようになった、3）数値が上がった、下がった、4）既存の仕事の進め方を変えた、5）やったことのないことを始めたなどがあります。変化を面接で職員に伝えることにより、職員がより達成した成果をイメージできるよう点検（準備）しておくようにしましょう。

（2）施設目標と部署目標、個人目標をつなげる手順の徹底

施設の事業計画がどのように職員一人ひとりの個人目標シートに落とし込むことができるのか、その手順を示します。制度導入時は、所属長も進め方のイメージが想定しづらいことから、具体的な落とし込み手順を会議などで周知します。制度運用の要は、各部署の所属長が自施設の日標管理制度をいかに熟知しているかです。したがって、制度導入時は、まずは所属長が制度を使いやすいようなサポートに力を注ぐとよいでしょう。

次に示すのは、ある施設での施設事業計画から個人目標設定までのイメージ図です。

【施設の事業計画から個人目標までの落とし込み】

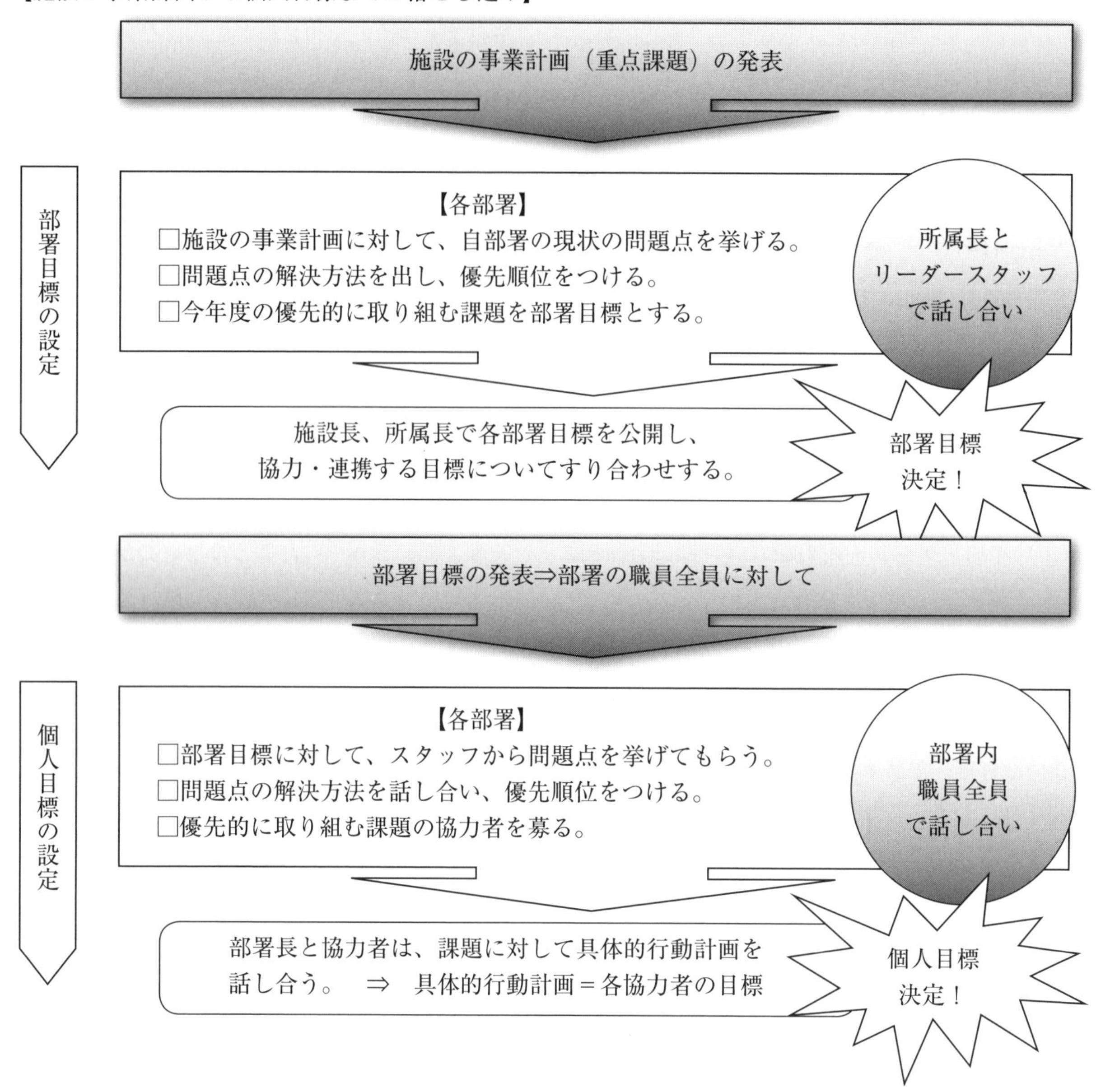

（3）職員への個人目標設定のポイントや例示の提示

個人目標は、職員一人ひとりが自立的に立案できることが人材育成の目的の一つといえます。自分の立場や役割を理解し、それに見合った仕事を目標として掲げることができる職員が多くいればいるほど、施設全体の質の底上げにもなります。しかし、施設の全職員が目標を立てたいと思っているとは限りません。目標を立てたくても、目標が見つけられない職員、やりたいことは見つかっているのですが、目標記入シートへの記入の仕方に苦慮する職員がいます。そこで、目標の例示を示すことをその点をサポートするとよいでしょう。併せて、「これは目標ではない」という例示も示すとよいでしょう。

【目標の例示】

目標例①　在職年数３年目の職員

目標：フロアの環境整備 （エレベーターホールを季節に合わせたディスプレイ、レイアウトに定期的に変更する）
具体的行動計画： 【１ヶ月目】チーム内でのホールディスプレイ、レイアウト検討会議の実施、役割分担 【２ヶ月目】物品購入予算、稟議書の作成、申請と購入 【３ヶ月目】ディスプレイ、レイアウト変更（トライアル） 利用者、家族、職員からの評価（アンケートの実施） 【４ヶ月目】評価による見直し、以後の年間のディスプレイ計画の作成 【５ヶ月目】病棟会議への提案 【６ヶ月目】本格実施

目標例②　在職年数５年目の介護福祉士

目標：認知症ケアに関する知識・技術の習得、自ユニットでの導入のためのメンバーへの伝達講習の実施
具体的行動計画： 【１ヶ月目】認知症ケアに関する講習会への参加（全６回、２か月間） 【２ヶ月目】　〃 【３ヶ月目】講習会の講義内容の整理と伝達講習用資料の作成、上長からの点検 【４ヶ月目】伝達講習の実施（毎月１回第４水曜日に実施、全３回） 【５ヶ月目】　〃 【６ヶ月目】　〃　　および伝達講習に対するメンバーからの評価（理解度をアンケートで実施）

【目標にはそぐわない例示】

事例①　有給休暇を取る

○有給休暇を取ることが目標ではなく、時間的余裕を作った結果、有給が取れることです。目標にするならば、「時間的余裕を作る」ために、どのような業務改善をするのかを目標にしましょう。

事例②　健康管理に気を付ける

○健康管理は、仕事をする上で社会人として維持すべきことです。仕事の目標ではありません。

事例③　利用者の立場に立った対応を心がける

○利用者の立場は、利用者によって異なるため、達成度測定ができません。「利用者の個別状態に応じた正しい○○のケアの実施」など、利用者の立場に立つときの業務を明記します。また、「心がける」は目標への取り組み意欲であり、成果のでる目標でありません。

目標管理に関する制度Q＆A

Q１ 目標管理をすることで自己の振り返る機会を持ち、スキルやキャリアをアップさせていって欲しいと考えているのですが、『どうせ書いても何にもならない』とモチベーションが下がる要因にもなっているようです。職員に目標管理の意味や目標を持つことの必要性を理解してもらうにはどうすればいいのでしょうか？また、モチベーションを向上させる目標管理の方法がありましたら教えて下さい。

A１ 目標管理とは、一般的に、組織がその目的を達成し、ビジョンを実現いていくため、個々人の目標を組織目標と連動させた上で、具体的かつ明確に設定していく仕組み（制度）です。

自分が立てた行動計画に沿って仕事を進めることで、職員は一歩一歩目標や夢に近づいていることを実感でき、やりがいにつなげるものです。また、職員同士で目標を見せ合ったり、語り合ったりすることで、目的や目標は違っても、同僚の目標の進捗状況は互いに刺激になるものです。したがって、組織においては、職員一人ひとりが自分の役割を認識し、目標に向かっていくことができる仕組みが必要です。もちろん、これにはインセンティブがあり、高い目標をクリアすることで、常勤職員はもちろん、非常勤職員には査定によって、職員のモチベーションにも大きく影響することはいうまでもありません。

特に、組織で大切にしなければならないことは、職員の“重要感”の欲求です。その目標を実現することで、自分の組織における存在価値を感じることができ、周囲から注目され、褒賞されるものである必要があります。と、同時に、本当に深い部分で人を動機付けるのは、自己成長と貢献の欲求です。

その目標達成を通じて自分が人間としてどう成長できるかが理解できれば、自己重要感の欲求以上の強い欲求が生まれます。それが、さらに心の最も深いところにある貢献の欲求です。自分の中の貢献の欲求に気付いていない人もいます。仕事で感謝されることがないという人もいます。利用者に感謝され、自分が誰かの役に立てているというという実感を得るとき、自分の中にある強い貢献の欲求に気付くものです。

しかし、多くの組織はそこまで個人の欲求に踏み込んだ目標設定ができていないのも事実です。もし、できていないのであれば、職員のモチベーションが高まらないは当たり前で、目標は、職員一人ひとりが自分の欲求を理解し、自分自身で、その欲求を満たせるものにする必要があります。そして、管理者は部下の欲求を理解した上で目標を設定する必要があることはいうまでもありません。

自施設を振り返って、どのような組織になれるかは、組織の目標自体が職員の欲求を満たせる目標になっているか、そして、その目標に向かって行動することで、職員一人ひとりが人間的に成長できる目標になっているかを確認することからはじめられたらいかがでしょう。

Q2 当施設のキャリアパスで考えているレベルと個人の目標設定のレベルに差が出てしまっています。職員の経験や能力に合わせた適切な目標設定をしてもらうにはどういったことを行うことが必要でしょうか？

A2 個人の目標設定のレベルに差が出てしまうことはある程度は仕方ないことでしょう。個々の目標には、組織業績に与えるインパクトの大小、難易度の高低といったことは当然存在するからです。

新人や経験の浅い職員では、目標設定そのものに不慣れのため、職員として当然了解できるはずの前提条件が十分わからないこともあるわけですから、その目的遂行で期待される成果（目標）や予測される制約条件、利用できる資源なども教示しておく必要もあります。

目標設定の際には、個々人が設定する目標に対してウェイトの設定と、目標の難易度の設定が望まれます。設定する目標は単数の場合もあれば複数の場合もあります。

複数の目標を設定した場合には目標に応じたウェイトを設定する必要が生じます。それは、適切なウェイト付けを行わないと設定した目標のいずれもが中途半端に終わってしまいかねないからです。

また、同じ等級に位置づけられた職員個々が揚げる目標の難易度は決して一様ではありません。組織目標は、必ずしも職員一人ひとりの等級を勘案して設定されるものではなく、組織を取り巻く諸々の環境条件の中で、設定されるものですから、多くの場合、個々人にとっての目標難易度の高低が生じてきます。さらに、一個人の中でも難易度の高い目標と低い目標とをともに設定することがあります。

目標難易度の設定は決して容易ではありませんが、難易度を設定せず公正性の高い業績評価を実現することはできませんし、難易度を見なければ誰も難しい目標に挑もうとはしなくなることさえ危惧されます。等級基準に照らしたときに「ほぼ見合っている」のか、それとも「かなり難しい」ないしは、「はるかに難しい」のか、あるいは「やさしい」のか、設定した一つひとつの目標について、難易度を設定していく必要があるでしょう。

いずれにしても、目標を設定する場合には、上司としての関心や期待も明確に示す必要がありますし、中間での報告・相談などの必要性を指示し、必要ならサポートすることも示しておきましょう。

（例）個人目標記入シート

年　度	職員番号：	氏　　名：	入社年月日：

<table>
<tr><td rowspan="3">目標①</td><td colspan="2">□ 日常業務に関する目標　□ 業務改善に関する目標　□ 施設・部署目標に関する目標</td></tr>
<tr><td colspan="2">具体的行動計画（目標達成までの手段、いつまでに、何をするのか）</td></tr>
<tr><td>中間評価
最終評価</td><td>（自己コメント）
自己評価：S A B C D
（自己コメント）
自己評価：S A B C D</td></tr>
<tr><td rowspan="3">目標②</td><td colspan="2">□ 日常業務に関する目標　□ 業務改善に関する目標　□ 施設・部署目標に関する目標</td></tr>
<tr><td colspan="2">具体的行動計画（目標達成までの手段、いつまでに、何をするのか）</td></tr>
<tr><td>中間評価
最終評価</td><td>（自己コメント）
自己評価：S A B C D
（自己コメント）
自己評価：S A B C D</td></tr>
</table>

（一次評価者）最終評価所見　評価者名：　印	（二次評価者）最終評価所見　評価者名：　印

介護施設のためのキャリアパスのつくり方・動かし方
発行 東社協 東京都高齢者福祉施設協議会 施設管理検討委員会
作成 株式会社フロインド 下田 静香

（例）個人目標シート（表）　　（　一般職用　　）　　平成　　年度

氏　名

職員番号	
所　属	
等　級	

1次評価者		2次評価者	
役職名		役職名	
氏名	印	氏名	印

	期首（目標設定）			面談日　年　月　日	中間（進捗状況確認）			期末（達成度評価）		
	目標の種類	テーマの【現状、問題、課題等】	テーマ（目標項目）【何を】	達成基準（B評価の基準）【①いつまでに、②どうする】	評価者	面談日　年　月　日 進捗状況コメント	進捗%	評価者	評価	面談日　年　月　日 評価の理由及び所感等を必ず記入
目標1	□部署目標関連 □自部署の業務改善目標 □定型業務習得目標			①いつまでに	自己			自己		
				②どうする	1次			1次		
								2次		
目標2	□部署目標関連 □自部署の業務改善目標 □定型業務習得目標			①いつまでに	自己			自己		
				②どうする	1次			1次		
								2次		
能力開発目標	—			①いつまでに	自己			自己		
				②どうする	1次			1次		
								2次		

介護施設のためのキャリアパスのつくり方・動かし方
発行　東社協　東京都高齢者福祉施設協議会　施設管理検討委員会
作成　株式会社フロインド　下田　静香

（例）個人目標記入シート（裏：スケジュール）

氏名：

	テーマ（目標項目）【何を】	達成基準（B評価の基準）【①いつまでに、②どうする】	目標達成のための具体的な方法・手段	具体的行動計画											
				4月	5月	6月	7月	8月	9月	10月	11月	12月	1月	2月	3月
目標1															
目標2															
能力開発目標															

介護施設のためのキャリアパスのつくり方・動かし方
発行　東社協　東京都高齢者福祉施設協議会　施設管理検討委員会
作成　株式会社フロインド　下田 静香

Ⅲ その他の関連制度～専門職任用に関する制度～

1．専門職任用に関する制度の概要

人事制度に含まれる制度の一つに進路選択に関する制度があります。一般的には、職群管理といわれ、総合職、一般職、専門・専任職などの中長期的に職員自身がどのような働き方をしたいのかを選択できる制度です。介護職は専門的役割が年々高まっていることから、より介護に関する知識、技術を高めるための仕組みを作ることも検討しましょう。認知症の専門的知識、看取りに関する知識など、高い知識技術を現場に活用できる職員を奨励する仕組みです。職員が自分のキャリアを自分で作れる仕組みでもありますので、まさにキャリアを積み重ねる仕組みです。

2．基本設計

何の専門を専門職として認めるのかを決定するためには、自施設の専門職の定義と目的を定めましょう。職員のキャリアの積み重ねだけではなく、施設に貢献する専門職であることも大切です。制度設計では、①自施設での専門職の役割、②任用条件と選考基準、③処遇・待遇を検討します。次に示すのは、専門職の定義と施設における専門職任用の目的です。

（1）専門職の定義と目的

【専門職の定義】

任用する専門職の種類は、自施設において、①社会貢献、②組織貢献があると認めた専門分野とする。

【専門職任用の目的】

○高度な専門知識·技術を活かし、施設の機能·地域における役割、将来的貢献および経営的貢献を促進する

○専門分野において高度な専門的知識・技術を有している職員の能力と意欲を有効に活用する

○施設の機能・役割をより一層高めるため、職員および施設の質の向上を目指す

（2）専門職の役割

認めた専門職に対して、次の役割を基に具体的な役割を明示します。専門職に任用された職員には、専門職としての役割、責任を認識してもらうためです。次に示すのは、役割の一例です。

【専門職の役割の例】

①専門分野における年度事業計画を立案し、実行する

②専門分野におけて、関係部署、後進の指導を行う

③専門分野において、その分野の知識・技術の更新に努める

④専門分野において、地域への連携、協力に努める

⑤専門分野において、直接的または間接的に施設の運営に貢献する

（3）専門職の任用条件の検討

専門職として認める職員に対して、条件（要件）を定めます。任用条件によって、専門職のレベルが問われます。より高度な専門を求めるのであれば、任用条件を厳しくする必要があるでしょう。

【任用条件の例】

①専門分野において外部の機関の認定を受けていること

②自施設の専門分野での経験年数が○年以上あること

③過去の人事評価の結果が優秀であること

④その他、専門別に必要な条件を満たしていること

（4）選考基準の検討

任用条件を満たした職員を専門職として認めるときの選考方法を定めます。

【選考内容の例】

①専門分野における施設での過去1年間の実績
②面接
③任用後の事業計画の内容

（5）待遇（名称、施設での立場、賃金の処遇など）の検討

専門職として任用した職員の立場、役割を明確にするため、次の待遇・処遇について検討しておきましょう。立場が明確に示されていない場合、任用された職員が施設内で仕事がしにくくなります。専門職として活躍してもらうためには、職名なども検討することが大切です。

【処遇・待遇の種類】

①呼称
　○○担当専門主任、○○担当専門課長など肩書の検討
②施設での立場
　総合職との関係、施設における位置づけを検討し、組織図にも明記
③賃金の処遇の例示
　ⅰ）毎月の手当（給与）で支給する
　ⅱ）専門を磨くための教育研修費（予算）を支給する

3．運用のポイント

専門職任用に関する制度は、施設にとって必要であるかの検討が必要です。キャリアパスの仕組みに必ず組み込まなければならないわけではなく、施設としての質の向上、職員の専門職としての資質向上がより促進される制度です。

よって、制度を導入するのであれば、制度設計時に、一定期間において専門職の施設貢献度を点検する仕組みも整えておきましょう。一般的には、任用期間を有期にし、任用期間満了時に見直し基準を定めます。

【任用期間と見直し基準の例】

①任用期間：着任してから2年間
②見直し基準：
　ⅰ）専門的知識・技術の保有状況（施設内外の研修会への参加状況）
　ⅱ）施設貢献度（任用期間2年間の実績）
　ⅲ）自己啓発の成果（法人内外の学会発表、論文発表など）
　ⅳ）日常業務における取り組み状況（任用期間中の人事評価の結果）
　ⅴ）後進への指導実績（施設内での指導状況と実績）
③判定：見直し基準ⅰ）～ⅴ）について当該者が書面で報告し、施設運営会議にて再任を検討した上で承認する。

おわりに

ここに「介護施設のための　キャリアパスのつくり方・動かし方～人が集まる、人が育つ、実効性のあるキャリアパス～」の発刊の運びとなり、東京都社会福祉協議会 東京都高齢者福祉施設協議会 情報・広報室長で施設管理検討委員会 ワークエンバイロンメント（作業環境）に関わるワーキングチーム責任者でもある水野敬生施設長ならびに、ワークエンバイロンメントのメンバー一同、法政大学大学院職業能力開発研究所特任研究員で、株式会社フロインドの下田静香先生のご協力とご尽力に対しまして、心より感謝申し上げます。

また、東京都高齢者福祉施設協議会の会員の方々ならびに、介護現場の職員の皆様に「キャリアパスに関するアンケート」のご協力をいただきましたこと、ここに厚く御礼申し上げます。

キャリアパス制度は、「介護職員の資質向上や雇用管理の改善をより一層推進し、介護職員が積極的に資質向上やキャリア形成を行うことができる労働環境を整備するとともに、介護職員自身が研修などを積極的に活用することにより、介護職員の社会的・経済的な評価が高まっていく好循環を生み出していくことが重要であることを踏まえ、事業主の取組がより一層促進されるよう加算を拡充したものである。」とあります。その中で、この加算を算定できる要件として、「キャリアパス要件等」を満たすことが条件とされています。

一方現場では、キャリアパス制度はあるものの、「運用の仕方がわからない」、「職員に周知ができていない」などのご意見をいただき、効果的な実施ができていない介護現場の実情から、「実効性のある！」さらに、現場からの声から、「わかりやすく！」「具体的に！」にこだわり編集してきました。

本書が、介護職員処遇改善加算の取得に参考となり、介護職員に安定した生活を保障するとともに、介護職員のキャリアアップや介護サービスの資質の向上、人材マネジメント力を向上させ、労働環境改善につなげていくための資料となることを願っております。

また、高齢者福祉業界全体の質の向上の一助となり、東京都はもとより、全国各地で展開され、発展していくことを強く希望しております。

最後に、編集・発刊・研修会の開催までご尽力いただきました、東京都社会福祉協議会 福祉部 高齢担当ならびに関係者の方々に心より御礼申し上げます。

東京都社会福祉協議会
東京都高齢者福祉施設協議会
施設管理検討委員会
委員長　高橋　三行

介護施設のための　キャリアパスのつくり方・動かし方
～人が集まる、人が育つ、実効性のあるキャリアパス～

東京都社会福祉協議会　東京都高齢者福祉施設協議会　施設管理検討委員会
介護施設のための キャリアパスのつくり方・動かし方編集委員会

編集委員並びに監修・編集責任者
社会福祉法人　一誠会
特別養護老人ホーム　偕楽園ホーム　施設長　水野敬生
─第１章　第１節、Q&A（第３章　目標管理）

編集委員
株式会社フロインド　研修事業部長　人事アドバイザー　下田静香
─第１章、第２章、第３章

編集委員
社会福祉法人　泉陽会
特別養護老人ホーム　新町光陽苑　施設長　高橋三行
─Q&A（第２章　賃金制度）

編集委員
社会福祉法人　あそか会
特別養護老人ホーム　塩浜ホーム　施設長　吉田智子
─Q&A（第２章　評価制度）

編集委員
社会福祉法人　八栄会
特別養護老人ホーム　エクリプスみなみ野　施設長　田中大輔
─Q&A（第２章　教育研修制度）

編集委員
社会福祉法人　みどり福祉会
特別養護老人ホーム　高ヶ坂ひかり苑　施設長　花岡道悦
─Q&A（第２章　評価制度）

編集委員
社会福祉法人　安立園
安立園特別養護老人ホーム　施設長　原　健作
─Q&A（第２章　等級制度）

編集委員
社会福祉法人　仁愛会
特別養護老人ホーム　桧原サナホーム　施設長　齋藤　裕

編集委員
社会福祉法人　ウエルガーデン
ウエルガーデンエミナース春日部　施設長　佐々木　悟
─Q&A（第３章　役職任用）

介護施設のための　キャリアパスのつくり方・動かし方
～人が集まる、人が育つ、実効性のあるキャリアパス～

発行日　平成29年２月
　　　　平成30年１月（第２刷）

編　集　東京都社会福祉協議会　東京都高齢者福祉施設協議会
　　　　施設管理検討委員会　介護施設のためのキャリアパスのつくり方・動かし方　編集委員会
　　　　（事務局：東社協福祉部高齢担当）
　　　　TEL 03（3268）7172

発　行　社会福祉法人　東京都社会福祉協議会
　　　　〒162－8953
　　　　東京都新宿区神楽河岸１－１
　　　　TEL 03（3268）7185（図書係）
　　　　FAX 03（3268）7433
　　　　http://www.tcsw.tvac.or.jp/

印　刷　株式会社　美巧社